大数据与人工智能系列

知识图谱

KNOWLEDGE GRAPH

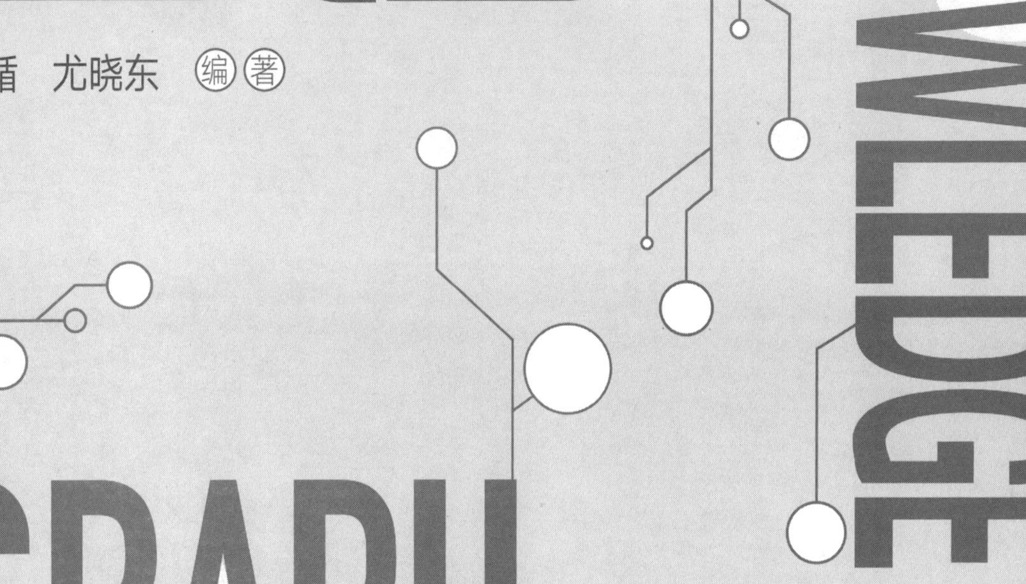

梁 循 尤晓东 编著

中国人民大学出版社
·北京·

内容简介

本书综合了大量国内外的最新资料和作者的研究成果，以社会网络用户行为的知识图谱为研究对象，探索了知识图谱构建过程，列举了面向用户行为知识图谱在智慧司法、电子商务及其他领域的应用。本书以最新资料案例为例进行了理论分析和模型构建，给出了实践指导策略。

本书的读者可以是对社会网络用户行为的知识图谱，以及对其在智慧司法、电子商务等领域的应用感兴趣的专业人士，也可以是对知识图谱感兴趣的商界人士，同时本书也可作为本科计算机应用方向的教材或参考书。

前　言

随着互联网的发展，网络信息呈现爆炸式增长。互联网内容规模巨大、异质多元、结构松散，传统的计算机算法很难有效地获取和组织其核心知识。知识图谱（Knowledge Graph）作为人工智能的底层技术，近年来开始升温，“知识”是“智能”的前提，它以强大的语义处理和互联组织能力，为智能化信息应用提供了基础。

知识图谱的概念是由谷歌公司在2012年提出的。2013年，脸谱网也推出社会网络的图谱搜索工具Graph Search，以社会网络为主战场的腾讯不久也利用其数据优势构建了自己的社会知识图谱。可以说，知识图谱也是描述社会网络用户行为的一种模型和工具。

知识图谱本质上是一种语义网络，旨在描述客观世界的概念、实体、事件及其之间的关系，其节点代表实体或者概念，边代表实体或概念之间的各种语义和行为关系。知识图谱又称为科学知识图谱，在图书情报界称为知识域可视化或知识领域映射地图，用来表示知识结构和演化关系。知识图谱自产生以来，以其简洁性和有效性，成功地在各行各业中得以应用。

在社会网络中的舆情是指在一定的社会网络空间内，围绕某个社会事件的发生、发展和变化，广大民众对社会产生和持有的社会态度，是较多群众关于社会中各种现象、问题所表达的信念、态度、意见和情绪等表现的总和。社会网络是一种自媒体，用户生成内容在开放边界的环境中相互依赖又互相竞争，关系复杂却又平稳地联系着，彼此间的互动按照某种关系或属性聚集形成的相对稳定的体系结构具有演化性、复杂性、适应性、分散控制和变粒度等特征。社会网络舆情数据一般具有多源异构性、多维关联性、多重可用性，依照舆情大数据，挖掘舆情信息，构建舆情主题知识图谱，并利用舆情主体图谱的应用价值，可以自下而上地从理论和实践多方面探索大数据环境下社会网络舆情主题图谱的构建和调控问题。

知识图谱

本书通过讨论社会网络用户行为的知识图谱，列举了社会网络用户行为研究在舆情分析、智慧司法、电子商务等方面的应用。本书与作者先前出版的另外15本书籍《网络金融》《数据挖掘算法与应用》《互联网金融信息系统的设计与实现》《电子商务理论与实践》《网络金融信息挖掘导论》《网络金融系统设计与实现案例集》《互联网金融信息智能挖掘基础》《支持向量机算法及其金融应用》《金融数据挖掘》《面向社会化媒体大数据的社会计算》《社会化商务理论与实践》《社会网络大数据下企业舆情建模和管理》《大数据物联网复杂信息系统》《社会网络大数据融合》《区块链：技术与应用》之间的关系见下图。

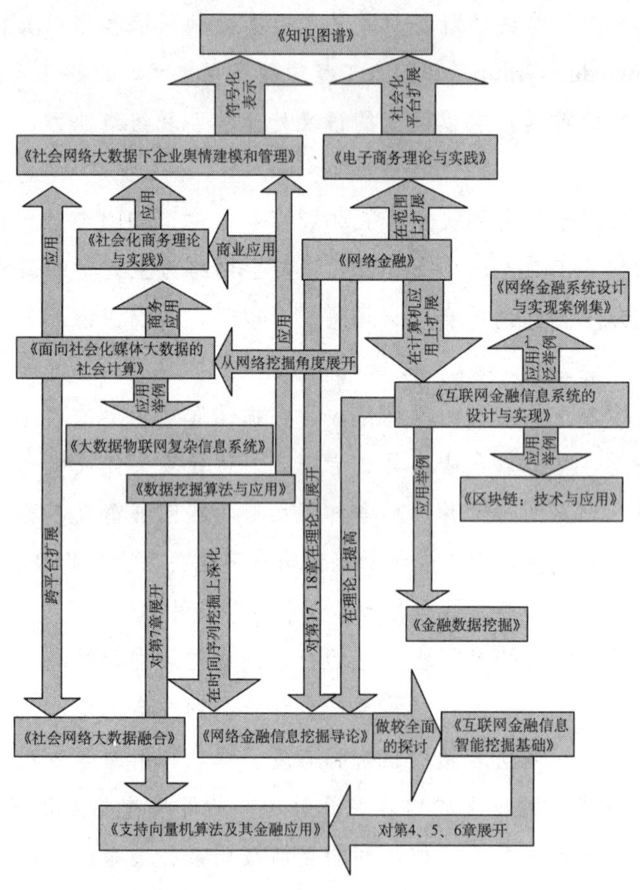

本研究得到了国家社会科学基金重大项目（18ZDA309）的支持。

由于作者水平和时间的限制，书中一定存在不少缺点和错误，恳请读者批评指正。

编者

目　录

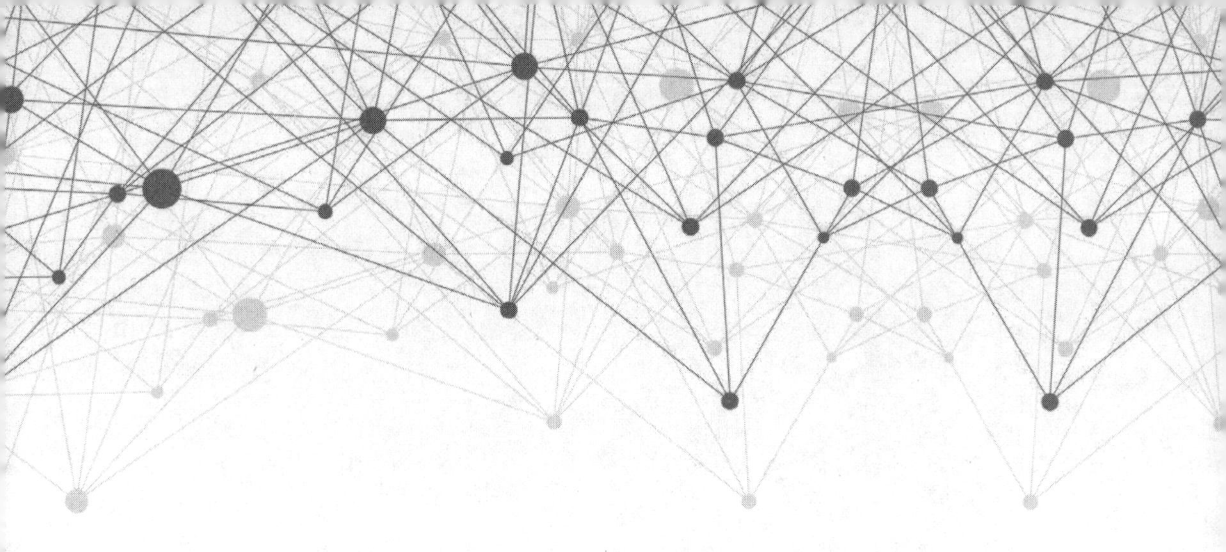

Knowledge

Graph

第 1 章　社会网络舆情知识图谱

1.1 舆情事件与舆情管理

1. 舆情与舆情事件

舆情是指在一定的社会空间内，围绕中介性社会事件的发生、发展和变化，广大民众对社会产生和持有的社会态度，是较多群众关于社会中各种现象、问题所表达的信念、态度、意见和情绪等表现的总和（游丹丹和陈福集，2016；李纲和陈璟浩，2014；陈华和梁循等，2007）。

随着互联网的迅猛发展，社会网络产生了大量新闻，例如社会网络用户生产出了大量评论、BBS、聊天室、博客、网上调查、网上访谈、QQ 群、MSN、推特等自媒体新闻。社会网络的兴起改变了信息的传播方式，对企业网络舆情的传播过程也产生了更深的影响。由于社会网络的使用范围越来越大，舆情传播的方式和内容也越来越复杂，企业舆情的管理面临着不小的压力和挑战，企业舆情也需要现代化手段进行管理。近期不断出现时序紧密耦合的双舆情案例，许媛和梁循等（2018）根据时序紧密耦合的企业网络舆情传播的特点，提出了双舆情之间的三种交互作用机制，即正向激励、反向抑制和无关作用。他们通过时序紧密耦合的魏则西及雷洋事件的双舆情典型案例，结合其他五例双舆情事件，对时序紧密耦合的交互作用机制进行了具体分析，提出了时序紧密耦合的社会网络双舆情环境下的舆情管理建议。梁循和许媛等（2017）对社会网络背景下的企业舆情研究的相关概念、特点、意义等进行了较为详尽的回顾，在分析社会网络的内容和结构的基础上，具体从文本情感分析、图像内容和社区发现、个性化推荐等不同维度梳理舆情管理的研究现状，并从企业在线舆情的分析预警、干预处置、平台构建、网络营销等多个方面总结出企业舆情管理控制的方法。在新型的企业舆情管理中，必须牢牢抓住社会网络的结构、内容、用户这三个核心，使企业舆情管理达到新境界。王怡和梁循等（2017）对社会网络中突发型事件的信息传播时变模型进行了研究。许媛和梁循（2016）在企业网络舆情传播的基础上，通过在时序上耦合的魏则西及雷洋事件的双舆情案例，具体分析了企业舆情的管理过程，并从政府指导、网民情感和企业应对三个角度具体分析了各角色对企业舆情传播过程的影响，并对企业舆情的管理过程提出了建议。此后，许媛和梁循（2016）以天津港爆炸子事件族为例，研究了网络舆论信息在某一突发事件舆情传播中的动态传播规律，分析了动态传播的整体结构，提出了子事件族传播的四种不同路径，并对每一种传播路径的消息类型进行了具体分析，在此基础上提出了对于网络舆情传播的监管及引导的建议。陈燕方等（2018）从在线社会网络谣言的基本概念和特征研究出发，分别基于目标、对象和时间三个属性，分析了在线社会网络谣言检测研究基本问题的形式化定义，介绍了研究中数据采集和标注的不同方法，并对不同类别和应用场景的在线社会网络谣言检测方法和谣言源检测方法进行了分析和总结。

2. 社会网络与舆情管理

社会网站脸谱网于2013年推出了Graph Search产品，其核心技术就是通过知识图谱将人物、地点、事件等联系在一起，并以直观的方式支持精确的自然语言查询。知识图谱会帮助用户在庞大的社会网络中找到与自己最具相关性的人物、照片、地点和兴趣等。Graph Search提供的上述服务贴近个人的生活，满足了用户发现知识以及寻找最具相关性的人的需求。

张海燕和梁循等（2015）依据信息在复杂网络中的传播规律和流动方向性，提出了k-Path共社区邻近相似性概念及计算方法，用于衡量节点在同一社区的相似性程度，并给出了把有向图转换为带方向权值的无向图的方法，基于带权无向图提出了一种从局部扩展来探测社区的重叠社区发现算法LWSOCD（local and wave-like extension algorithm of detecting overlapping community）。真实数据集上的实验表明，共社区邻近相似性概念实现了有向到无向的合理转换，而且提高了社区节点的聚集效果，LWSOCD算法能够有效地发现带权无向图中的重叠社区。

周小平和梁循等（2014）以关注关系为网络节点、以关注关系之间是否有共同用户为关注关系潜在的边、以关注关系所关联用户的兴趣集的交集为关注关系的兴趣特征，构建了微博网络 R-C 模型，并探讨了其进行微博用户社区发现的方法，分析了该方法的复杂度。以新浪微博数据集为实验，对照节点 CNM 算法和 LCA 算法，从兴趣内聚和网络结构内聚两方面进行分析，发现该方法能够发现更好的微博用户社区。

李亚平等（2015）选取腾讯微博近两万名用户，抓取了他们所有的微博数据，对腾讯微博的用户内容生成模式进行分析和研究。从微博用户贡献分析、基于时间的用户活跃度分析以及微博影响三个角度出发，对微博的数量、微博的原创与转发、微博发布的周模式与日模式、微博转发的影响力以及影响微博转发的因素进行研究。由此总结出了微博用户内容生成的一些特点，如用户内容贡献呈现一种"90—10"规则，不同类型的用户有着不同的微博风格，微博用户每日微博发布数有着明显的周模式与日模式等。相关分析结论对于进一步深化研究微博的用户内容生成模式具有一定的参考意义。

李志宇和梁循等（2016）基于深度学习在神经网络语言模型中应用的启发，提出了一个 LsNet2Vec（large-scale network to vector）模型。通过结合随机游走的网络数据集序列化方法，进行大规模的无监督机器学习，从而将网络中节点的结构特征信息映射到一个连续的、固定维度的实数向量中。然后，使用学习到的节点结构特征向量，就可以迅速计算大规模网络中任意节点之间的相似度，以此来进行网络中的链接预测。通过在 16 个大规模真实数据集上与目前的多个基准的最优预测算法进行对比，发现 LsNet2Vec 模型所得到的预测的总体效果是最优的：在保证了大规模网络中链接预测计算可行性的同时，于多个数据集上相对已有方法呈现出较大的 AUC 值提升，最高达 8.9%。

在社会网络研究中，角色识别是一个十分重要的研究问题，它对分析和理解社会网络、预测用户行为、研究用户之间的关系和交互过程具有重要意义。相对于其他人或事物来说，社会网络中每个人都扮演着所在环境下的一个角色。社会角色可根据用户之间的交互水平来定义，这些角色可看作是对用户位置、行为或虚拟身份的刻画，并且随着时间的推移这些角色也在不断地改变和演化。当前，社会网络角色识别研究更多的是集中在新出现的社会网络平台上，如脸谱网、推特、微博等，也正是由于这些社会媒体网络的快速增长以及可被获得，我们有了新的机会和条件来定义和识别社会角色。

张树森和梁循等（2017）对近年来关于社会网络中角色识别的方法和研究现状进行了总结，将社会网络角色分为非明确角色和明确角色，并总体概括了当前这两种角色识别的主要方法和研究现状。网络特征表示学习通过对网络节点之间的关系（结构或属性）进行分析，得出网络特征的低维度表达。现有的针对网络特征学习的方法多基于静态和小规模的假设（如静态的语言网络），并没有针对社会网络的特有属性进行修正学习，因此，现有的学习方法无法适应当前社会网络所具备的动态性、大规模甚至超大规模等特性。

李志宇和梁循等（2017）提出了基于动态阻尼正负采样的社会网络结构特征嵌入模型（damping based negative-positive sampling of social network embedding，DNPS)。他们通过对不同阶层的网络节点关系进行正负阻尼采样，同时构建针对新增节点的动态特征学习方法，使得模型对于大规模社会网络在动态变化过程中的结构特征的提取变得可行，以此获得的节点特征表达具备更好的动态鲁棒性。DNPS 相对于基准模型（DeepWalk/LINE）在预测准确率以及时间效率上都取得了较大的性能提升。同时，DNPS 的学习结果还可以被应用于社会网络的相关研究子领域。例如，在大规模以及动态性的环境下，研究大规模动态社区发现、社会网络用户推荐、标记分类等问题。

周小平和梁循（2017）分析了面向社会网络融合的关联用户挖掘所存在的困难，从用户属性、用户关系及其综合三方面梳理了当前关联用户挖掘的研究现状，并展望了关联用户挖掘的研究方向。

张树森等（2018）对移动社会网络中存在的幂律分布及用户亲属关系判别问题进行了研究。在度、连通子图规模及用户联系人数量的分布中找出了存在的三个幂律分布，同时分析了其中的规律和结论，并与其他社会网络进行对比。通过提取用户通话行为的多种显著特征，采用 GBDT（gradient boost decision tree）与 LR（logistic regression）的融合方法，提出了一种用户亲属关系判别模型，实验表明该模型能有效判别出用户间是否存在亲属关系，判别的精确率达到 81.01％。

Zhiyuli 和 Liang 等（2018）研究了动态网络学习节点嵌入的问题，设计了一个联合学习添加和删除链接模型RDEM，用于动态网络嵌入。

张树森和梁循等（2018）针对社会网络中的用户身份进行研究，将用户身份分为组织用户和个人用户，并对这两种用户身份进行具体定义和识别。通过用户在社会网络中发表的文本内容、多媒体内容以及用户时间序列内容识别出该用户的组织—个人身份，从不同角度提出了五种机器可操作的用户的组织—个人身份识别方法，进而识别出了社会网络中用户是组织用户还是个人用户。实验结果表明，该识别方法能够有效识别出用户的组织—个人身份，其中内容复杂特性识别方法、内容规范化识别方法以及时间序列内容识别方法的用户身份识别准确率达到80%以上。

1.2　知识图谱与舆情知识图谱

知识图谱（knowledge graph）是一种揭示实体之间关系的语义网络，可以对现实世界的事物及其相互关系进行形式化地描述。现在的知识图谱已被用来泛指各种大规模的知识库。

知识图谱作为一种结构化的语义知识库，用于以符号形式描述物理世界中的概念及其相互关系（刘峤，2016）。其基本组成单位是“实体—关系—实体”三元组，以及实体及其相关属性—值对，实体间通过关系相互联结，构成网状的知识结构。上述定义包含三层含义：①知识图谱本身是一个具有属性的实体通过关系链接而成的网状知识库。从图的角度来看，知识图谱在本质上是一种概念网络，其中的节点表示物理世界的实体（或概念），而实体间的各种语义关系则构成网络中的边。由此，知识图谱是对物理世界的一种符号表达。②知识图谱的研究价值在于，它是构建在当前Web基础之上的一层覆盖网络（overlay network），借助知识图谱，能够在Web网页之上建立概念间的链接关系，从而以最小的代价将互联网中积累的信息组织起来，使其成为可以被利用的知识。③知识图谱的应用价值在于，它能够改变现有的信息检索方式，一方面通过推理实现概念检索（相对于现有的字符串模糊匹配方式而言）；另一方面以图形化的方式向用户展示经过分类整理的结构化知识，从而使人们从人工过滤网页以寻找答案的模式中解脱出来。

就覆盖范围而言，知识图谱也可分为通用知识图谱和行业知识图谱。通用知识图谱注重广度，强调融合更多实体，较行业知识图谱而言，其准确度不够高，并且受概念范围的影响，很难借助本体库对公理、规则以及约束条件的支持能力规范其实体、属性、实体间的关系等。通用知识图谱主要应用于智能搜索等领域。行业知识图谱通常需要依靠特定行业的数据来构建，具有特定的行业意义。在行业知识图谱中，实体的属性与数据模式往往比较丰富，需要考虑到不同的业务场景与使用人员。

舆情主体图谱的概念源于知识图谱，针对社会网络舆情资源的大数据化、动态化、多维度等特征，从获取社会网络舆情大数据的新方法和新工具的研究出发，根据社会安全、突发事件预警等某一特定领域、特定需求进行实践，就是本章探索构建大数据驱动的社会网络舆情知识图谱的出发点所在。

知识图谱的架构包括知识图谱自身的逻辑结构以及构建知识图谱所采用的技术体系架构（徐增林，2016）。

知识图谱的逻辑结构从逻辑上将知识图谱划分为两个层次：数据层和模式层。在知识图谱的数据层，知识以事实为单位存储在图数据库中。例如开源的Neo4j（Neo4j，2012）。模式层在数据层之上，是知识图谱的核心。模式层存储的是经过提炼的知识，通常采用本体库来管理知识图谱的模式层，借助本体库对公理、规则和约束条件的支持能力来规范实体、关系以及实体的类型和属性等对象之间的联系。本体库在知识图谱中的地位相当于知识库的模具，拥有本体库的知识库冗余知识较少。

知识图谱的体系架构是指其构建模式结构，图 1－1 给出了知识图谱技术的整体架构，其中虚线框内的部分为知识图谱的构建过程，同时也是知识图谱更新的过程。如图 1－1 所示，知识图谱的构建过程是从原始数据出发，采用一系列自动或半自动的技术手段，从原始数据中提取出知识要素（即事实），并将其存入知识库的数据层和模式层的过程。这是一个迭代更新的过程，根据知识获取的逻辑，每一轮迭代包含三个阶段：知识抽取、知识融合以及知识加工。

知识图谱有自顶向下和自底向上两种构建方式。自顶向下指的是先为知识图谱定义好本体与数据模式，再将实体加入知识库。该构建方式需要利用一些

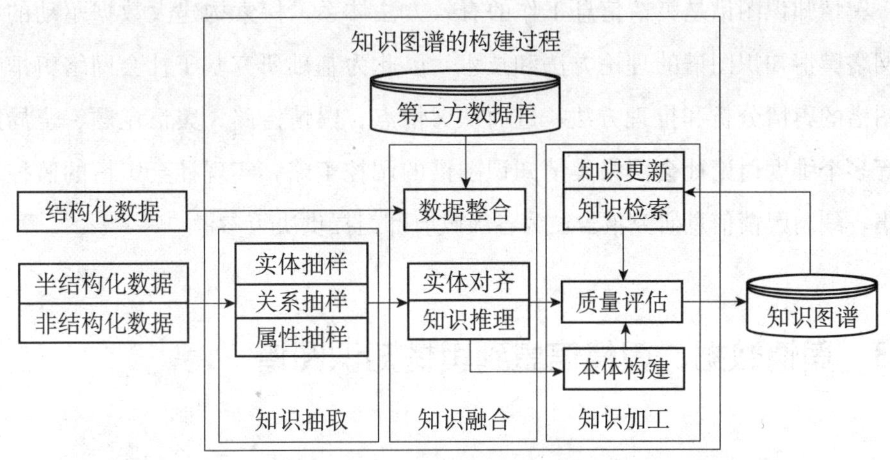

图 1-1　知识图谱的体系架构

现有的结构化知识库作为其基础知识库，例如 Freebase 项目就是采用这种方式，它的绝大部分数据是从维基百科中得到的。自底向上指的是从一些开放链接数据中提取出实体，选择其中置信度较高的加入知识库，再构建顶层的本体模式。目前，大多数知识图谱都采用自底向上的方式进行构建，其中最典型的就是 Google 的 Knowledge Vault（Dong，2014）。

知识图谱的构建经历了几个阶段：手工编辑阶段、众包协同编辑阶段以及自动半自动抽取阶段。其中，使用手工直接或借助软件编辑知识，例如把“刘备是《三国演义》中的一个主要人物”编写为 IsA（刘备，人物）。然而由于参加编辑的一般是领域专家，所以手工编辑方式的时间成本和经济成本都很高，其知识库的规模比较小，但数据精度最高。在互联网时代，参加知识编辑的主要是大众，这大大降低了成本，其知识库的规模较大，精度也较高。利用人工智能、自然语言处理等技术，借助自动半自动的算法，构建知识库不需要过多的人工参与，大大节省了成本，知识库的规模也大大增加了，不过缺点是其数据精度较低。

舆情知识图谱是一种以大规模采集的社会网络舆情数据为基础并对其进行语义抽取和标注而构建的覆盖大规模舆情事件和实体的语义关联覆盖网络。它可以实现对舆情知识图谱数据的采集和主题图谱的构建，为社会网络舆情知识图谱的挖掘提供依据和支撑，对与现实舆情事件相关的一切事物及其相互关系进行形式化描述。

舆情知识图谱是舆情信息工作的有效方法体系，探索构建大数据驱动的社会网络舆情知识图谱的理论方法和技术，以此为基础研究基于社会网络舆情知识图谱的舆情分析和推理方法，进而从舆情点、舆情链路、舆情主题、全局层面等多个维度讨论社会网络舆情知识图谱的调控策略，实现社会舆情的监控与收集，编制舆情信息研究报告，为各级政府部门提供决策参考。

1.3 舆情数据、舆情信息到舆情知识图谱

1. 知识图谱构建元素的抽取

大规模知识库的构建与应用需要多种智能信息处理技术的支持。通过知识抽取技术，可以从一些公开的半结构化、非结构化的数据中提取出实体、关系、属性等知识要素。通过知识融合，可消除实体、关系、属性等指称项与事实对象之间的歧义，形成高质量的知识库。知识推理则是在已有知识库的基础上进一步挖掘隐含的知识，从而丰富、扩展知识库。分布式的知识表示形成的综合向量对知识库的构建、推理、融合以及应用均具有重要意义。

知识抽取是舆情知识图谱构建的第 1 步，其中的关键问题是如何从异构数据源中自动抽取信息，得到候选知识单元。知识单元主要包括实体（概念的外延）、关系以及属性三个知识要素，并以此为基础，形成一系列高质量的事实表达，为上层模式层的构建奠定基础。

首先，是实体和主题抽取。实体抽取，也称为命名实体识别（named entity recognition，NER），是指从文本数据集中自动识别出命名实体。实体抽取的质量（准确率和召回率）对后续的知识获取效率和质量影响极大，因此是信息抽取中最为基础和关键的部分。孙镇和王惠临（2010）将实体抽取的方法分为三种，即基于规则与词典的方法、基于统计机器学习的方法以及面向开放域的方法。基于规则与词典的方法通常需要为目标实体编写模板，然后在原始语料中进行匹配；基于统计机器学习的方法主要是通过机器学习的方法对原始语料进行训练，然后利用训练好的模型去识别实体；面向开放域的方法将是面向海量

的Web语料（Lin，2015；杨博等，2014）。

早期对实体抽取方法的研究主要面向单一领域（如特定行业或特定业务），关注如何识别出文本中的人名、地名等专有名词和有意义的时间等实体信息（Chinchor，1998）。Rau首次实现了一套能够抽取公司名称的实体抽取系统（Rau，1991），其中主要用到了启发式算法与规则模板相结合的方法。然而，基于规则模板的方法不仅需要依靠大量专家来编写规则或模板，覆盖的领域范围有限，而且很难适应数据变化的新需求。随后，人们开始尝试采用统计机器学习方法辅助解决命名实体抽取问题，例如，Liu等（2011）利用K近邻算法和条件随机场模型，实现了对推特文本数据中包含的实体的识别。单纯的监督学习算法在性能上不仅受到训练集合的限制，而且算法的准确率与召回率都不够理想。算法的性能依赖于训练样本的规模，对此类方法的发展形成了制约。最近有学者采用有监督学习与规则（先验知识）相结合的方法，取得了一些积极的研究成果。例如，Lin（2004）基于字典，使用最大熵算法在Medline论文摘要的GENIA数据集上进行了实体抽取实验，实验的准确率与召回率都在70%以上。

Banko（2007）从少量实体实例研究了如何自动发现具有区分力的模式，并扩展到利用海量文本完成实体做分类与聚类。Whitelaw等（2008）提出了一种迭代扩展实体语料库的解决方案，基本思路是根据已知的实体实例进行特征建模，利用该模型处理海量数据集，得到新的命名实体列表，然后针对新实体建模，迭代地生成实体标注语料库。Jain（2010）提出了一种基于无监督学习的开放域聚类算法，用于根据用户输入的关键字自动补全信息，其基本思想是基于已知实体的语义特征搜索日志中识别出命名的实体，然后进行聚类。

其次，是概念和属性抽取。属性抽取的目标是从不同信息源中采集特定实体的属性信息。例如针对某个公众人物，可以从网络公开信息中得到其昵称、出生日期、国籍、教育背景等信息。属性抽取技术能够从多种数据来源中汇集这些信息，实现对实体属性的完整勾画。Suchanek（2007）提出的基于规则与启发式算法的属性抽取方法能够从Wikipedia及WordNet的半结构化网页中自动抽取相应的属性名称与属性值，还可扩展为一套本体知识库。实验表明：该算法的抽取准确率可达到95%。

尽管可以从百科类网站获取大量实体属性数据，然而这只是人类知识的冰山一角，还有大量的实体属性数据隐藏在非结构化的公开数据中。如何从海量的非结构化数据中抽取实体属性是值得关注的理论研究问题。一种解决方案是将上述从百科网站上抽取的结构化数据作为可用于属性抽取的训练集，然后将该模型应用于开放域中的实体属性抽取（Wu，2007）；另一种解决方案是利用数据挖掘的方法直接从文本中挖掘实体属性与属性值之间的关系模式，据此实现对属性名和属性值在文本中的定位。但是由于属性值附近普遍存在一些限定属性值含义的属性名等，所以该抽取方法的准确率并不高（王宇，2010）。

最后，是关系抽取。关系抽取首先是情感关系抽取，情感分析也称意见挖掘，是近年来研究的热点问题。互联网的迅速发展使人们无论是购物、学习还是娱乐，都离不开互联网。在新闻内容类、电影视频类和微博类等在线网络当中，如何使用大量的行为数据和兴趣标签，分析用户行为和用户兴趣，抽取用户情感可能的倾向性，从而挖掘用户的积极兴趣，就显得十分重要。虽然微博的情感分析与传统文本的情感分析有相同的任务，但微博与传统文本有区别，传统文本是用户情感的一种呈现，而微博则比较随意且字数被限定为 140 个。用户意见的定义是由 Kim 和 Hovy（2004）给出的，意见由意见持有者、主题、陈述、情感四部分构成。可以看出，意见的主题与情感是识别文本是否为意见的关键所在，这里的主题一般也可以称为评价对象，而情感可以理解为对评价对象的喜好或者厌恶的态度。文本的意见挖掘技术应用于诸多方面，电子商务、商业智能、企业管理、舆情控制、网络不良信息处理等。谢丽星等（2012）提出了基于层次结构多策略的情感分析框架，包括是否分句策略，结合多种特征（包括链接、表情符号、情感词典等），发现层次结构多策略情感分析框架可以取得较好的分类效果。有的学者根据微博用户提供的背景信息挖掘用户的情感分析，并解决了无背景信息用户的兴趣挖掘问题，提高了用户兴趣的挖掘效果。除了通过研究用户的个人信息这种静态的内容之外，研究用户的社会网络结构关系也是分析用户兴趣的途径之一。例如，有的学者研究了社会网络的拓扑结构和地理属性，提出了对用户分享、信息发现和社会活动的简要分类。同时有的学者还考虑了基于行为和内容分析的微博网络用户动态兴趣引导研究和类别，使用聚类分析方法并根据特征建立用户兴趣模型，计算文本相似程度，将新的文本内容推荐给用户。有的学者将个人用户发布的文本收集到一个大文件中，并用 LDA 来发现他的潜在话题。进一步地，研究人员还会对用户发布的内容进行分类之后再挖掘用户的兴趣喜好。例如，有的学者在研究微博网络时根据用户发布微博的两种主要情况——原创微博和转发微博，将原始兴趣和转发兴趣组合起来，为用户计算兴趣。Mukherjee（2012）提出了一种针对推特的情感分析的轻量级方法，通过对情态动词、否定词、连词等虚词的含义的考察，结合常见的 *N*-gram、词性等特征，分别利用词典与支持向量机（support vector machine，SVM）分类器，实现了情感极性判别准确率的提升。Xu（2013）等研究用户所发布的有关他们生活或与朋友对话的帖子，发现这些内容与用户的兴趣无关，并且提出了一个新的作者—主题模型，通过潜在变量来研究用户的兴趣。这样，在剔除一些噪音数据后，更能够准确发现用户的兴趣。

实体关系抽取是图谱构建的重要环节。不同研究者对关系抽取（relation extraction，RE）任务有不同的表述方法。Schutz 等（2005）认为关系抽取是识别一对概念以及联系这对概念的关系的三元组；维基百科对关系抽取的定义为：在自然语言处理过程中抽取文本中实体间命名关系的任务；关系抽取评测会议 ACE（automatic content extraction）将关系抽取描述为：探测和识别文档中或文档间特定类型的关系，并对这些抽取出来的关系进行规范化的表示。综上所述，关系抽取可以定义为：从自然语言文本中（包括句子、文档内、文档间）抽取实体间或者概念间特定类型的关系的过程。

文本语料经过实体抽取后得到的是一系列离散的命名实体，为了得到语义信息，还需要从相关语料中提取出实体之间的关联关系，通过关系将实体（概念）联系起来，才能够形成网状的知识结构。研究关系抽取技术的目的就是解决如何从文本语料中抽取实体间的关系这一基本问题。早期的关系抽取主要是通过人工构造语义规则以及模板的方法识别实体关系。这种方法有两点明显的不足：①要求制定规则的人具有良好的语言学造诣，并且对特定领域有深入的理解和认知；②规则制定工作量大，难以适应丰富的语言表达风格，且难以拓展到其他领域。随后，出现了大量基于特征向量或核函数的有监督学习方法，通过对实体间关系的模式进行建模，替代预定义的语法和语义规则，关系抽取的准确性也不断提高。

Cafarella（2015）提出了面向开放域的信息抽取框架（open information extraction，OIE），这是抽取模式上的一个巨大进步。但 OIE 方法在对实体的隐含关系抽取方面性能低下，因此部分研究者提出了基于马尔可夫逻辑网、基于本体推理的深层隐含关系抽取方法（Schmitz，2012）。Kambhatla（2004）利用自然语言中的词法、句法以及语义特征进行实体关系建模，通过最大熵方法成功地实现了不借助规则硬编码的实体关系抽取。还有学者借助知网（HowNet）提供的本体知识库构造语义核函数，在开放数据集上对 ACE 定义的 6 类实体关系进行抽取，准确率达到了 88%。然而，有监督学习方法也存在明显不足，为了确保算法的有效性，需要人工标注大量的语料作为训练集。近年来的研究重点逐渐转向半监督和无监督的学习方式，Carlson（2010）提出了一种基于 Bootstrap 算法的半监督学习方法，能够自动进行实体关系建模。陈立玮（2013）采用基于实例的无监督学习方法，在公开语料库上获得了较好的实验结果，能够对实体间的雇佣关系、位置关系以及生产关系等多元关系进行精准识别。Zhu（2009）提出了一种无监督学习模型 StatSnowball，不同于传统的 OIE，该方法可自动产生或选择模板生成抽取器。Domingos（2012）提出了一种简易的 Markov 逻辑（tractable Markov logic，TML），TML 将领域知识分解为若干部分，各部分主要源于事物类的层次化结构，并依据此结构，将各大部分进一步分解为若干个子部分，依此类推。TML 具有较强的表示能力，能够较为简洁地表示概念以及关系的本体结构。

2. 知识图谱构建中的知识处理技术

从抽取构建元素开始，构建舆情知识图谱的每一个环节都需要应用语义抽取、语义标注和语义关联这三项知识图谱构建中知识处理的关键技术。

20 世纪 90 年代初，人们开始关注信息提取（information extraction，IE）的相关研究。这些工作主要由消息理解会议发起。信息提取的前身是文本理解（Eikvil，1999），在信息提取出现之前，已经有大量的关于自然语言处理的研究和系统，但这些系统的处理目标通常集中于一个很狭窄的领域的文本，很难移植到新的领域，不能适应不断变化的信息结构。

在自动提取技术发展初期，研究中使用的主要是基于专家系统的方法。Ashish（1997）提出了一个简单的 wrapper（包装器，研究人员一般把信息提取部件简称为包装器）生成方法。它是一种基于简单规则的方法，只是使用 LEX75 定义一些页面特征的正则表达式，根据特征对页面进行划分。这种方法过于简单，准确率低，但它为自动提取研究提供了一个方向。

Sahuguet（1999）的 W4F 是一个自动的 wrapper 生成工具，它给出了基于文档对象模型（DOM）定义的描述提取规则的语言（HEL）以及从 Web 网页上提取数据的描述语言（NSL），提供将提取出的数据映射到目标结构（如 XML）的机制。用户定制 wrapper 时，利用 HEL 给出基本的提取规则，利用 NSL 给出需要提取的数据。W4F 自动生成一套 wrapper 程序，用于相关数据的提取。

Myllymaki（2002）在此基础上利用标准的 XML 规范 XHTML 和 XSLT 来定义数据提取规则及目标数据，自动生成 wrapper 程序，将 HTML 文档转换成 XML 文档。XWRAP 是一个半自动的 wrapper 生成器。这些 wrapper 构造方法由专家根据经验来手工定义规则，然后由计算机自动产生 wrapper 程序代码。

随着 Web 的出现和繁荣，信息抽取研究人员逐渐将兴趣转移到 Web 网页信息提取的研究上，涌现了许多算法和系统。其中最知名的研究项目是卡耐基梅隆大学自动学习和发现中心的 Web 挖掘项目。该项目的目标是通过自动地从 Web 中提取事实来创建大型的、结构化的有用事实的数据库。项目研究人员的技术途径是研究机器学习算法，通过训练能够自动提出信息。

随着计算机网络的普及和信息采集、传输及利用范围的延伸，人们需处理的电子文档信息也呈爆炸式增长。在这些信息中，计算机能自动处理的结构化信息仅占很少一部分，更多的信息以目前计算机所无法理解的自然语言来表达。如何从文本中提取用户所需信息已成为信息处理的焦点之一。信息抽取就是针对这样一个问题而提出的。

信息抽取（Riloff，1999）是一个以未知的自然语言文档作为输入，产生固定格式、无歧义的输出数据的过程。这些数据可直接向用户显示，也可作为原文信息检索的索引，或存储到数据库、电子表格中，以便于以后的进一步分析。

与自然语言处理不同，信息抽取一般不对文本作深入全面的分析。信息抽取的主要功能是根据预先设定的任务，抽取特定类型的信息。抽取过程有以下几个特点。其一，词性标注本身引起了语义的缺失。其二，在语法分析中，当多个具有相同词性的词语相连构成一个大的语法单元时，由于各词语在词性上是无差别的，因此当需要在相邻的词语中抽取其一时，就产生了一定的困难。其三，在表达方式比较单一的领域中，描述不同对象的语句往往具有相同的语法结构，语句表达上的差别在语法分析中消失了。

语义标注（Collins，1998）与词性标注类似，也是给词语加上一种类别标签。二者的区别在于，词性标注加上的是词性标签，如名词、动词、形容词等，而语义标注加上的是语义类别标签，一般要利用概念层次来完成。在基于语义标注的语句分析中，语法分析的功能事实上已蕴含其中，再次的语法分析已属冗余，这为我们舍弃语法分析，用统一的语义分析指导信息抽取提供了依据。在开放的领域中，语义类别的数目通常要远远大于词性的数目，存在词的歧义问题，基于语义标注的方法需要大量的知识支持，可行性极差，这也是开放领域中语法分析存在的主要根据之一。但信息抽取一般是基于某特定领域的，所用的词和语义有其特定的领域背景，词的歧义问题基本不存在，语义类别的数目急剧下降，由语义类构成的语句模式是可控制的。因此，在信息抽取中，基于语义标注的方法有一定的可行性。

通过信息抽取，实现了从非结构化和半结构化数据中获取实体、关系以及实体属性信息的目标，然而，这些结果中可能包含大量的冗余和错误信息，数据之间的关系也是扁平化的，缺乏层次性和逻辑性，因此有必要对其进行清理和整合。

实体对齐（entity alignment）也称为实体匹配（entity matching）或实体解析（entity resolution），主要是用于消除异构数据中实体冲突、指向不明等不一致性问题，可以从顶层创建一个大规模的统一知识库，从而帮助机器理解多源异质的数据，形成高质量的知识。

在大数据的环境下，受知识库规模的影响，在进行知识库实体对齐时，主要会面临以下3个方面的挑战（庄严，2016）：①计算复杂度。匹配算法的计算复杂度会随知识库的规模呈二次增长，难以接受。②数据质量。由于不同知识库的构建目的与方式有所不同，因此可能存在知识质量良莠不齐、相似重复数据、孤立数据、数据时间粒度不一致等问题（蒋勋，2013）。③先验训练数据。在大规模知识库中想要获得这种先验数据非常困难。在通常情况下，需要研究者手工构造先验训练数据。

对齐算法可分为成对实体对齐与集体实体对齐两大类，而集体实体对齐又可分为局部集体实体对齐与全局集体实体对齐。

对于成对实体对齐方法的研究，Newcombe（1959）将基于属性相似度评分来判断实体是否匹配的问题转化为一个分类问题，建立了该问题的概率模型，缺点是没有体现重要属性对于实体相似度的影响。Herzog（2007）基于概率实体链接模型，为每个匹配的属性对分配了不同的权重，匹配准确度有所提高。Winkler（2002）还结合贝叶斯网络对属性的相关性进行建模，并使用最大似然估计方法对模型中的参数进行估计。通过属性比较向量来判断实体对匹配与否可称为成对实体对齐。这类方法中的典型代表有决策树（Han，2011）、支持向量机（Liang，2011）、集成学习（Berry，1997）等。Cochinwala 等（2001）使用分类回归树、线性分析判别等方法完成了实体辨析。Christen（2008）基于二阶段实体链接分析模型，提出了一种新的 SVM 分类方法，匹配准确率远高于 TAILOR 中的混合算法。Cohen（2002）提出了一种扩展性较强的自适应实体名称匹配与聚类算法，可通过训练样本生成一个自适应的距离函数。McCallum（2005）采用类似的方法，在条件随机场实体对齐模型中使用监督学习的方法训练产生距离函数，然后调整权重，使特征函数与学习参数的积最大。Sarawagi（2002）构建的 Alias 系统可通过人机交互的方式完成实体链接与去重的任务。Tejada（2002）采用相似的方法构建了 active Atlas 系统。

局部集体实体对齐方法为实体本身的属性以及与它有关联的实体的属性分别设置不同的权重，并通过加权求和计算总体的相似度，还可使用向量空间模型以及余弦相似性来判别大规模知识库中的实体的相似程度（Li 和 Wang 等，2013）。算法为每个实体建立了名称向量与虚拟文档向量，名称向量用于标识实体的属性，虚拟文档向量则用于表示实体的属性值以及其邻居节点的属性值的加权和值。为了评价向量中每个分量的重要性，算法主要使用 tf-idf 为每个分量设置权重，并为分量向量建立倒排索引，最后选择余弦相似性函数计算它们的相似程度。该算法的召回率较高，执行速度快，但准确率不足。其根本原因在于没有真正从语义方面进行考虑。

对于全局集体实体对齐方法的研究，相似性传播集体实体对齐方法最早来自 Dong（2005）和 Bhattacharya（2007）提出的集合关系聚类算法，该算法主要通过一种改进的层次凝聚算法迭代产生匹配对象。Lacoste（2013）在以上算法的基础上提出了适用于大规模知识库实体对齐的算法 SiGMa，该算法将实体对齐问题看成是一个全局匹配评分目标函数的优化问题进行建模，属于二次分配问题，可通过贪婪优化算法求得其近似解。Bhattacharya（2006）将 LDA 模型应用于实体的解析过程，通过其中的隐含变量获取实体之间的关系。但在大规模的数据集上效果一般。Domingos（2004）在 CRF 实体辨析模型的基础上提出了一种基于条件随机场模型的多关系的实体链接算法，引入了基于 canopy 的索引，提高了大规模知识库环境下的集体实体对齐效率。Singla（2006）提出了一种基于马尔可夫（Markov）逻辑网的实体解析方法。作者通过马尔可夫逻辑网，构建了一个马尔可夫网，将概率图模型中的最大可能性计算问题转化为典型的最大化加权可满足性问题，但基于马尔可夫网进行实体辨析时，需要定义一系列等价谓词公理，通过它们完成知识库的集体实体对齐。

在构建知识图谱时，可以从第三方知识库产品或已有结构化数据中获取知识输入。将外部知识库融合到本地知识库中需要处理两个层面的问题：①数据层的融合，包括实体的指称、属性、关系以及所属类别等，主要问题是如何避免实例以及关系的冲突问题，造成不必要的冗余；②通过模式层的融合，将新得到的本体融入已有的本体库（Deshpande，2013）。Mendes（2012）提出了开放数据集成框架，用于对 LOD（linked open data）知识库产品进行融合。其中包括四个步骤：①获取知识；②概念匹配，由于不同本体库中的概念表达使用的词汇可能不同，因此需要对概念表达方式进行统一化处理；③实体匹配，由于知识库中有些实体含义相同但是具有不同的标识符，因此需要对这些实体进行合并处理；④知识评估，知识融合的最后一步是对新增知识进行验证和评估，以确保知识图谱的内容的一致性和准确性。通常采用的方法是在评估过程中为新加入的知识赋予可信度值，据此进行知识的过滤和融合。

通过实体对齐，可以得到一系列基本事实表达或初步的本体雏形，然而事实并不等于知识，它只是知识的基本单位。要形成高质量的知识，还需要经过知识加工的过程，从层次上形成一个大规模的知识体系，统一对知识进行管理。

本体（ontology）是对概念进行建模的规范，是描述客观世界的抽象模型，以形式化方式对概念及其之间的联系给出明确定义（Studer，1998）。本体是树状结构，相邻层次的节点（概念）之间具有严格的 IsA 关系，有利于进行约束、推理等，却不利于表达概念的多样性。在知识图谱中，本体位于模式层，用于描述概念层次体系，是知识库中知识的概念模板（Wong，2012）。本体可通过人工编辑的方式手动构建，也可通过数据驱动自动构建，然后经质量评估方法与人工审核相结合的方式加以修正与确认。在海量的实体数据面前，人工编辑构建的方式工作量极其庞大，所以，当前主流的本体库产品都是面向特定领域且采用自动构建技术逐步扩展形成的。例如，微软发布的 Probase 本体库就是采用数据驱动的方法，利用机器学习算法从网页文本中抽取概念间的 IsA 关系，然后合并形成概念层次结构。目前，Probase 中包含了超过 270 万条概念，准确率高达 92.8%，在规模和准确性方面居于领先地位（Wu，2012）。

数据驱动的本体自动构建过程主要可分为以下三个阶段：实体并列关系相似度计算、实体上下位关系抽取以及本体的生成。纵向概念间的并列关系计算，通过计算任意两个实体间并列关系的相似度，可辨析它们在语义层面是否属于同一个概念。计算方法主要包括模式匹配与分布相似度两种（Harris，1954）。实体上下位关系抽取是该领域的研究重点，主要研究方法是基于语法模式（如 Hearst 模式）抽取 IsA 实体对（Wong，2012）。目前主流的信息抽取系统 KnowLtAll（Etzioni，2005）、TextRunner（杨博，2014）、NELL（Carnegie，2016）等都可以在语法层面抽取实体的上下位关系，而 Probase 则是采用基于语义的抽取模式（Zeng，2013）。当前对本体生成方法的研究工作主要集中于实体聚类方法，主要的挑战在于经过信息抽取得到的实体描述非常简短，缺乏必要的上下文信息，导致多数统计模型不可用。Wang（2013）基于主题层次聚类的方法构建了本体结构。与此同时，为了解决主题模型不适用于短文本的问题，提出了基于单词共现网络的主题聚类与上下位词抽取模型。Liu（2012）则采用贝叶斯模型对实体关键词进行分层聚类，经过改进的算法具有近似线性的复杂

度 $O(n\log n)$，能够在 1 小时内从 100 万关键词中抽取出特定领域的本体。

3. 舆情知识图谱的知识表示

大数据时代的到来使得当前的复杂信息网络研究领域面临三个基础性问题，即网络的动态性、大规模性以及网络空间的高维性。传统的复杂信息网络顶点的结构特征表示通常以邻接矩阵、出入度、中心性等离散方式表达，在现有的大规模动态复杂信息网络的新环境下，这种表达方式的计算效率及准确率都受到了很大的挑战。随着机器学习算法的不断推广，复杂信息网络的特征表示学习同样也引起了越来越多的关注。与自然语言中的词向量学习的目标类似，目前较为前沿的大规模复杂信息网络分布式特征表示学习方法的目标是将网络中任意顶点的结构特征映射到一个低维度的、连续的实值向量上，在进行这种映射的过程中，尽量保留顶点之间的结构特征关系，使大规模网络的分布式特征学习能够有效地应用于各类网络应用，如网络中的链接预测、顶点分类、个性化推荐、大规模社区发现等（齐金山等，2017）。

知识表示学习的代表模型主要包括距离模型、单层神经网络模型、双线性模型、神经张量网络模型、矩阵分解模型、翻译模型等。

第一是距离模型。在距离模型中，结构表示（structured embedding，SE）（Bordes，2011）是较早的几个知识表示方法之一，其基本思想是：首先将实体用向量进行表示，然后通过关系矩阵将实体投影到与实体向量同一维度的向量空间中，最后通过计算投影向量之间的距离来判断实体间已存在的关系的置信度。然而 SE 模型有一个重要缺陷：它对头实体和尾实体使用两个不同的矩阵进行投影，协同性较差，往往无法精确刻画两实体与关系之间的语义联系。

第二是单层神经网络模型，Socher（2013）针对上述提到的距离模型中的缺陷，提出了单层神经网络模型（single layer model，SLM），该模型是非线性的并且为知识库中每个三元组（h，r，t）定义了以下形式的评价函数：

$$f_r(h,t)=\mu_t^T g(M_{r,1}l_h+M_{r,2}l_t)$$

式中，$\mu_r^T\in R^k$ 为关系 r 的向量化表示，g 表示激活函数，$M_{r,1}$，$M_{r,2}\in R^{d\times k}$ 为投影矩阵。虽然 SLM 是 SE 模型的改进版本，但是它的非线性操作仅提供了实体和关系之间比较微弱的联系。与此同时，却引入了更高的计算复杂度。

第三是双线性模型。双线性模型又叫隐变量模型（latent factor model，LFM），由 Jenatton（2012）和 Sutskever（2009）首先提出。模型为知识库中每个三元组（h，r，t）定义的评价函数具有如下形式：

$$f_r(h,t)=l_hM_rl_t$$

其中，$M_r\in R^{d\times d}$ 是关系 r 对应的双线性变换矩阵。与以往的模型相比，LFM 取得了巨大突破：通过简单有效的方法刻画了实体和关系的语义联系，协同性较好，计算复杂度低。后来的 DISTMULT 模型（Yang，2014）尝试将双线性变换矩阵 M_r 变换为对角矩阵，不仅简化了计算的复杂度，并且实验效果得到了显著提升。

第四是神经张量网络模型。Socher（2013）提出的神经张量网络（neural tensor network，NTN）模型，其基本思想是：在不同的维度下，将实体联系起来，表示实体间复杂的语义联系。模型为知识库中的每个三元组（h，r，t）定义了以下形式的评价函数：

$$f_r(h,t)=\mu_r^Tg(I_hM_rI_t+M_{r,1}I_h+M_{r,2}I_t+b_r)$$

其中，μ_r^T 是一个与关系相关的线性层，g 表示激活函数，$M_r\in R^{d\times d\times k}$是一个三阶张量，$M_{r,1},M_{r,2}\in R^{d\times k}$ 是与关系 r 有关的投影矩阵。可以看出，前述 SLM 是 NTN 的简化版本，是 NTN 将其中张量的层数设置为 0 时的特殊情况。

第五是矩阵分解模型，通过矩阵分解的方式可得到低维的向量表示，故不少研究者提出可采用该方式进行知识表示学习，其中的典型代表是 Nickel（2011）提出的 RESACL 模型。

在该模型中，知识库三元组构成一个大的张量 X，如果三元组（h，r，t）存在，则 $X=1$，否则为 0。张量分解旨在将每个三元组（h，r，t）对应的张量值 X 分解为实体和关系表示，使得 X 尽量地接近 $I_hM_rI_t$。

可以看到 RESACL 的基本思想与前述 LFM 类似。不同之处在于，RESACL 会优化张量中的所有位置，包括值为 0 的位置；而 LFM 只会优化知识库中存在的三元组。

第六是翻译模型。在翻译模型中，表示学习在自然语言处理领域受到广泛关注源于 Mikolov 等（2013）提出的 Word2Vec 模型将前向神经网络语言中的隐含层去掉，使得词向量的训练速度大幅提升。该模型实质上由两个子模型组成：CBOW 和 Skip-Gram 模型，前者利用窗口的上下文来预测中心词，而后者刚好相反，利用窗口的中心词来预测这个词的上下文。Word2Vec 模型可用于大规模的文本连续性表达的学习，在很多应用上取得了较好的结果。Bordes 等（2011）提出了一种将实体与关系嵌入低维向量空间的 TransE 模型。由于 TransE 简单有效，因此自提出以来有大量研究工作对 TransE 进行扩展和应用，可以说 TransE 已经成为知识表示学习的代表模型。

自 TransE 被提出之后，大部分知识表示学习模型是以它为基础进行扩展或改进的，从不同角度尝试解决复杂关系建模问题。Wang（2014）提出了 TransH 模型，通过不同的形式表示不同关系中的实体结构，对于同一个实体而言，它在不同的关系下也扮演着不同的角色。模型首先通过关系向量 l_r 和与其正交的法向量 w_r 选取某一个超平面 F，然后将头实体向量 l_h 和尾实体向量 l_t 沿法向量 w_r 的方向投影到 F，最后计算损失函数。TransH 使不同的实体在不同的关系下拥有了不同的表示形式，但由于实体向量被投影到了关系的语义空间中，故它们具有相同的维度。Lin（2015）提出了 TransR 模型，首先将知识库中的每个三元组（h，r，t）的头实体与尾实体向关系空间中投影，然后希望满足 $l_{h_r}+I_r\approx I_{t_r}$ 的关系，最后计算损失函数。考虑到在知识库的三元组中，头实体和尾实体表示的含义、类型以及属性可能有较大差异，之前的 TransR 模型使它们被同一个投影矩阵映射，在一定程度上就限制了模型的表达能力。除此之外，将实体映射到关系空间中体现的是从实体到关系的语义联系，而 TransR 模型中提出的投影矩阵仅考虑了不同的关系类型，忽视了实体与关系之间的交互。因此，Ji（2015）提出了 TransD 模型，分别定义了头实体与尾实体在关系空间上的投影矩阵。Xiao（2015）提出了 TransG 模型，认为一种关系可能会对应多种语义，而每一种语义都可以用一个高斯分布表示。TransG 模型考虑到了关系 r 的不同语义，使用高斯混合模型来描述知识库中每个三元组（h，r，t）的头实体与尾实体之间的关系，具有较高的实体区分度。考虑到知识库中的实体以及关系的不确定性，Xie（2016）提出了 KG2E 模型，其中同样是用高斯分布来刻画实体与关系。模型使用高斯分布的均值表示实体或关系在语义空间中的中心位置，协方差则表示实体或关系的不确定度。

上面构建的语义关联覆盖网络即社会网络知识图谱，为知识发现奠定了基础。

1.4　舆情知识图谱中的知识挖掘

如何深入分析和挖掘社会网络舆情主题图中的关键角色、关键节点、关键路径和发展趋势，成为需要解决的一个关键问题。

社会网络舆情事件主题、主体类型具有多样性，同时政府对舆情的管理又有不同类型的知识需求，这些给社会网络舆情大数据主题图谱分析带来了不小的困难。同时，由于构建的舆情知识图谱仅为实体及其属性之间关系的一阶图谱，而舆情事件是时刻动态变化的，因此为了满足政府的舆情管理需求，需要对基于该舆情实体关系的一阶主题图谱进一步完善和挖掘，进行更深层次的知识挖掘与更广泛的知识拓展。

1. 关键节点分析：核心人物和组织的画像分析

随着网络对人们生活和工作的渗透，大量人物信息也流入互联网。一方面是因为媒体对各界知名人士、网络红人等参与事件的新闻报道，以及论坛、微博上对各类人物的讨论、评价；另一方面是因为网络中出现的大量人物简历、简介、履历。人与人之间的了解，以及日常学习或工作的需要，在极大程度上使得人们对教师、明星、律师等人物信息的需求量不断增高。此外，网络舆情监控、国家情报分析及社会调查工作也都离不开对个人信息的需求。调查（Spink，2008）显示，用户在 Web 搜索中输入的关键词中，大约有 11%～17% 的关键词为人名，可见人物信息也是众多互联网用户所关心的信息类型之一。目前最常用的搜索引擎为谷歌和百度，当用户向搜索引擎提交查询某个人物信息的请求时，返回的结果并不理想。这一方面是因为网络上的人物信息表现得零乱、冗余、碎片化，另一方面也是由于互联网上存在着大量的虚假和垃圾广告信息，使得有价值的信息被湮没。因此，用户只能对返回的网页结果逐个浏览，通过人工的方式找出自己关注的人物信息，其效果费时又费力。

在人物信息的组织方面，传统的方法常采用人工编辑整理的方式，虽然能够获得较高的准确率，但是效率低下，用户迫切希望能够通过简单快捷的搜索方式得到目标人物的全局信息。如果能够自动地从散布在互联网各处的人物数据中抽取和整理出人物的全局信息，将零散的、片面的数据集中起来形成人物画像，并以结构化方式存储下来，就能极大地提高用户获取人物全貌信息的效率，为人类工作及生活提供便利。

当然，用户除了通过搜索引擎获取人物信息以外，也可以通过特定的人物搜索系统获取，目前市场上比较成熟的人物搜索引擎主要有优库（http：//www. ucloo. com)、雅虎人物搜索（http：//people. yahoo. com)、微软人立方（http：//renlifang. msra. cn）等，这些人物搜索引擎主要偏向于人物的性别、年龄、籍贯等基本信息，没有呈现出人物活动的轨迹，即网络上报道的该人物涉及的新闻事件。一般人们在了解人物对象时，不仅想要获得该对象的基本信息，更迫切的是想得到该人物在何时何地与何人参与了什么事件，网络上对该人物的情感评价以及人物热度大小，从整体上对一个人物的信息进行把握。

李赵洁（2016）以新闻为代表的文本数据的人物画像挖掘技术，重点对人物社会关系提取、人物参与事件追踪、人物热度及情感分析三个方面进行探索，综合分析结果形成人物画像。研究成果可应用于人物搜索系统、特定目标追踪和网络红人探测等领域。

2. 关键节点分析：网络结构的影响力分析

微博社会网络是一个不断发展并对社会产生巨大影响的传播平台，对微博社会网络中信息传播过程中关键节点的分析和挖掘具有重要的理论意义和应用前景。作为一个新兴的信息传播平台，微博社会网络中的关键节点与传播规律研究在理论及应用方面都具有很高的价值，特别是在信息传播模型、关键节点挖掘、用户行为分析等方面（Su，2016）。研究微博信息传播中关键节点挖掘算法的目的在于发现信息传播规律中的关键节点，以及关键节点对微博信息传播的作用。

近年来，国内外已有许多算法用来对微博数据进行分析挖掘，例如基于社会网络特点对 PageRank 进行加权改进的研究（Yang，2017）、基于随机网络的数据挖掘研究、启发式社会网络节点影响力计算方法（曹玖新，2016）等。上述研究通过数据预处理和特征值竞争抑制机制较好地完成了数据过滤，从而提高了数据处理效率（Fischbach，2018）。这些研究的重点都是探索如何让算法更高效地对数据进行处理，并提高算法的执行效率，但存在未能体现社会网络节点和网络连接的社会属性的缺陷。陈红松（2018）通过给社会网络中的节点和边赋予适当的社会属性权重，体现出节点的社会属性差异以及信息在社会网络中传播的特点和规律，从而在提高关键节点挖掘算法执行效率的同时，发现符合社会网络自身特点的关键节点及高价值分析结果。

陈斯杰（2009）、范闯（2009）和刘雁书（2002）对网站影响力的评价方法做了较全面的阐述。网站影响力的评价方法可以分为定性和定量两种。

定性的评价方法主要有问卷调查法和效益评价。定量的方法则是基于网络计量学的焦度，通过一些可量化的指标来对网站影响力进行评价分析。国内外对网站影响力评价的研究工作大多数是通过定量的方法，利用相关工具获得实验数据，然后通过网络计量学的研究方法对影响力进行测评。定量的评价方法主要有链接分析和流量分析。

超文本链接是互联网的重要特征，任意两个网页都可以建立链接。站点 B 建立了与站点 A 的链接，证明站点 B 认为站点 A 质量高，站点 A 对站点 B 产生了影响力。一个站点被链接的次数越多，证明该站点的影响力越大。链接分析法就是基于站点的被链接次数来评价其影响力。以链接分析为基础，并借鉴期刊影响因子的计算方法，Ingwersen（1998）提出了网络影响因子的概念（Almind，1997）。它的计算方法是用网络空间中所有指向某网站的超链接总数除以该网站内的所有页面总数。网络影响因子越高，网络影响力就越大。

在网络营销学中，网站流量泛指网站的访问量，可用一个网站一段时间内访问者的数量、访问者所浏览的网页的点击率和平均停留时间等指标来描述（姜旭平，2000）。用户对网站的访问量大，说明该网站蕴含的信息价值高，对网民的吸引力高。因此，网站的访问量可以作为评价网站影响力的一个较为客观的指标。

网站影响力的评价指标已经有很多，可以归纳为流量指标、网络链接指标和可见度指标。一些研究者针对特定领域的网站特点，制定了该领域网站的影响力评价指标。朱雷（2006）对中、美两国部分综合实力排名靠前的医院网站的网络影响力进行了测度和分析。邱均平（2009）研究了中国重点大学网络影响力的评价。陈太洋（2008）对中外企业网站的网络影响力进行了评价。网络舆情信息源的影响力有其独特之处，直接套用已有指标去评价它是不尽合理的。

3. 关键路径分析与社区分析

舆情演化过程具有复杂性、开放性、自组织性、非平衡性、随机性等复杂系统的特征（姚灿中，2012）。从复杂系统与复杂网络视角对舆情传播规律进行研究的文献较多，如 Sznajd 模型研究了个人观点如何受到外部群体的影响（Sznajd，2011），该模型假设个人的意见只有赞成和反对两种，个人观点受到多个邻居同时影响。研究表明系统中所有个体的意见最终会趋向一致。刘常昱（2006）利用小世界模型构建人际关系网络拓扑，通过设计个体的局部相互作用规则，引入个体心理因素和外界媒体影响，提出了利用计算机仿真建立舆论传播演化模型的基本思路。张海峰（2010）的研究表明，网络的异构性可以促进少数群体在舆论的演化过程中最终取胜，降低个体间的连接程度和加强网络的异构性都会增加宏观舆论观点的极化或分裂的可能性。此外，团队通过在即时通信工具 QQ 的真实用户群好友网络上的病毒式营销仿真，揭示了网络结构、节点中心性、激活概率等对营销传播特征的影响（Yang，2010）。

4. 趋势模型分析：舆情预测

借助舆情主体图谱是进行舆情预测的一个有效表现方式。对网络舆情信息进行有效的获取、正确的分析和统计、预测，对于政府应对舆论危机将十分有利。网络舆情的发展一般存在蛰伏期、爆发期、持续期、消亡期四个阶段。可以对网络舆情进行有效预测，协助政府准确地判定舆情走向，进而制定相应的应对管理办法。

有效的网络舆情预测有利于舆情危机蛰伏期的预防预警，有利于舆情危机爆发期的应急反应和干预，有利于舆情危机持续期的信息分析与研判，有利于舆情危机消亡期的信息再跟踪与反馈。

李振（2010）提出，灰色理论模型对数据序列比较短并且数据趋势含有明显上升的数据进行预测时，能取得良好的效果，但是对原始数据曲线中存在较大波动或者干扰强烈的数据进行预测时，表现出来的精确度并不理想。但马尔可夫链预测的研究对象主要是一个随机变化的动态系统，其对于变化幅度较大的数据表现出了良好的效果。将两者结合起来，就形成了灰色预测模型。这个组合模型既能够充分利用历史数据包含的信息，又可以有效提高随机波动较大的数据序列的预测精度。

现有的网络舆情预测分析，主要是在时间序列模型分析的基础上，采用数学方法建立预测模型，它是一种定量分析方法，图 1-2 是网络舆情预测遵循的主要路线。

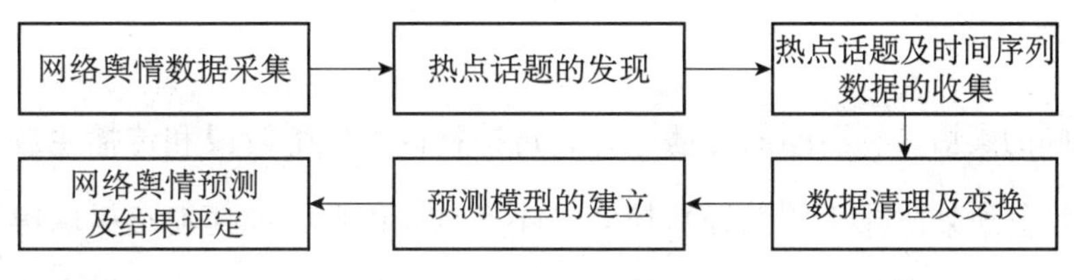

图 1-2　网络舆情预测路线图

网络舆情预测的相关数学模型分为两大类（游丹丹，2016）：一是基于传统统计学的预测模型，二是基于智能机器算法的预测模型。对这两大类预测模型进行整理、归纳、分类，如图 1-3 所示。

基于传统统计学的预测模型，比较常见的有基于自回归模型、指数平滑模型、ARIMA 模型以及移动平均模型等（程辉，2008；曹帅，2014；赵丽娟，2014；徐敏捷，2016）。基于智能机器算法的预测模型主要是将人工智能技术和时间序列预测两者结合。相关的理论基础主要涉及径向基函数神经网络、BP 神经网络、灰色理论、马尔可夫链理论、混沌理论、支持向量机、贝叶斯网络、

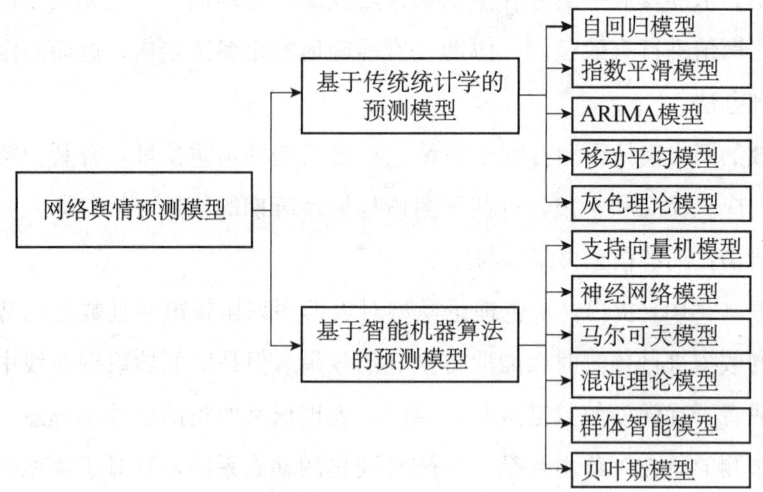

图 1-3　网络舆情预测模型

EM 聚类以及群体智能算法等（张虹，2007；张珏，2009；王沙沙，2011；黄敏，2013；蒋玉婷，2013；李健行，2014；曾振东，2014；魏德志，2015）。

1.5　舆情知识图谱的更新和推理

不同的舆情具有不同的传播主体、传播社区、发酵阶段和传播主题，甚至同一舆情其所处阶段不同其民众情绪也不一样，因此，如何动态提取舆情特征以及构建舆情预警指标体系，以及如何针对舆情特征，自适应地提出或者推荐合适的调控策略在舆情调控工作中发挥了重大作用，这是舆情知识图谱的更新和推理着重解决的关键问题。

1. 图谱的知识更新

人类所拥有的信息和知识量都是时间的单调递增函数，因此知识图谱的内容也需要与时俱进，其构建过程是一个不断迭代更新的过程。

根据知识图谱的逻辑结构，其更新主要包括模式层的更新与数据层的更新。

模式层的更新是指本体中元素的更新，包括概念的增加、修改、删除、概念属性的更新以及概念之间上下位关系的更新等。其中，概念属性的更新操作将直接影响到所有直接或间接属性的子概念和实体（Tan，2014）。通常来说，模式层的增量更新方式消耗资源较少，但是多数情况下是在人工干预的情况下完成的，例如需要人工定义规则、人工处理冲突等。因此，实施起来并不容易（耿霞，2014）。数据层的更新指的是实体元素的更新，包括实体的增加、修改、删除，以及实体的基本信息和属性值。由于数据层的更新一般影响面较小，因此通常以自动的方式完成。

2. 图谱的知识推理

知识推理是指从知识库中已有的实体关系数据出发，经过计算机推理，建立实体间的新关联，从而拓展和丰富知识网络。知识推理是知识图谱构建的重要手段和关键环节，通过知识推理，能够从现有知识中发现新的知识。知识库推理可以分为基于符号逻辑的推理和基于图的推理。

基于符号的推理一般是基于经典逻辑（一阶谓词逻辑或者命题逻辑）或者经典逻辑的变异（比如说缺省逻辑）。基于符号的推理可以从一个已有的知识图谱，利用规则，推理出新的实体间关系，还可以对知识图谱进行逻辑的冲突检测。Goodman 等（2011）利用高性能计算平台 Cray XMT 实现了大规模的 RDFS 本体推理，利用平台计算资源的优势限制所有推理任务在内存中完成。然而对于计算资源有限的平台，内存使用率的优化成为不可避免的问题。Motik（2014）将 RDFS，以及表达能力更高的 OWL RL 等价地转换为 Datalog 程序，然后利用 Datalog 中的并行优化技术来解决内存的使用率问题。Urbani（2015）尝试利用并行与串行的混合方法来提升 OWL RL 的推理效率。Kazakov 等（2015）提出了利用多线程技术实现 OWL EL 分类的方法，并实现推理机 ELK。Zhou（2015）利用 MapReduce 来实现 OWL EL 本体的推理算法，实验证明 MapReduce 技术同样可以解决大规模的 OWL EL 本体推理。在 Zhou（2015）的工作中，进一步扩展 OWL EL 的推理技术，使得推理可以在多个并行计算平台上完成。Lu（2013）提出了ORBO算法，该算法从节点出发考虑，判断推理规则中第一条推理关系的前提是否满足，不仅节约了时间，还降低了算法的时间复杂度。

基于图的推理方法主要基于神经网络模型或Path Ranking算法。例如Lao（2011）将知识库中的实体表达为词向量的形式，进而采用张量神经网络模型进行关系推理，在WordNet和FreeBase等开放本体库上对未知关系进行推理的准确率分别达到85.2%和90.0%。此外，也有学者通过对描述逻辑的表现形式进行扩展，提出了一种基于组合描述逻辑的算法，基于概念的相似性对不同领域的概念进行关联。实验结果表明，基于组合描述逻辑的推理方法可以利用不同知识库中的已有知识进行推理，该成果为跨知识库的知识推理方法研究提供了新的思路。

3. 图谱的质量评估

质量评估也是知识库构建技术的重要组成部分。受现有技术水平的限制，采用开放域信息抽取技术得到的知识元素有可能存在错误，经过知识推理得到的知识的质量同样也是没有保障的，因此在将其加入知识库之前，需要有一个质量评估的过程。随着开放关联数据项目的推进，各子项目所产生的知识库产品间的质量差异也在增大，数据间的冲突日益增多，如何对其质量进行评估，对于全局知识图谱的构建起着重要的作用。引入质量评估的意义在于：可以对知识的可信度进行量化，通过舍弃置信度较低的知识，可以保障知识库的质量（Fader，2011）。基于LDIF（linked data integration framework）框架，提出了一种新的知识质量评估方法，用户可根据业务需求来定义质量评估函数，或者通过对多种评估方法的综合考评来确定知识的最终质量评分。Mendes（2012）采用人工标注的方式对1 000个句子中的实体关系三元组进行了标注，并以此作为训练集，使用logistic回归模型计算抽取结果的置信度。

1.6　社会网络舆情知识图谱的研究现状和前景

1. 社会网络舆情分析方面

在社会网络舆情分析方面，自 2012 年起这一领域的研究非常活跃，其研究成果对及时和准确地把握网络舆情热点，掌握舆情发生、发展和传播情况，以及有效地引导舆情走向提供了重要的理论和技术依据。国外学者如 Magdalena Wojcieszak、Christopher Reddlick、Joerg Matthes 等，国内学者曾润喜、兰月新、陈福集、王国华、徐晓林、喻国明、方付建、勒中坚、姜胜洪、丁菊玲、曹树金等对网络舆情进行了积极探索。网络舆情的研究热点主要集中在两个方面：第一，舆情分析系统。其研究的热点包括针对大数据环境下海量舆情信息分析系统的构建和面向特定领域或特定网络媒介的舆情分析系统的研究。第二，舆情分析技术和方法等方面。整体上，网络舆情学科交叉特征十分明显，前沿量化研究方法正在该领域盛行。新媒体与移动网络流行使网络舆情在微博微信上传播得更加迅速，高校大学生作为活跃的网民群体引起了学者对高校网络舆情的关注。“大数据”“复杂网络”“情感分析”等热词开始进入网络舆情的研究领域，推动研究往纵深方向发展。

（1）国际研究状况。选择 Web of Science 网站并通过中国人民大学图书馆网站入口进入，数据库选择 SCI-Expanded、SSCI、A&HCI、CPCI-S、CPCI-SSH、CCR-Expanded、IC。时间跨度为默认值，即所有年份。检索式为“时间跨（public opinion OR public sentiment）AND（web OR internet OR www OR network＊）”，共检索到 7 359 篇文献。选择 Article、Meeting 文献类型进行精炼，去重后得到 6 688 个检索结果。

从学科分布来看，网络舆情问题吸引了计算机、工程、新闻与媒体、图书情报、经济管理等领域专家学者的密切关注，为本章提供了重要的研究基础。

从研究者的分布情况来看，相关研究者主要集中在中国、美国、英国、德国、加拿大等国家，如图 1－4 所示。研究机构有加利福尼亚大学、伦敦大学、得克萨斯大学、中国科学院、威斯康星大学、密歇根大学等。

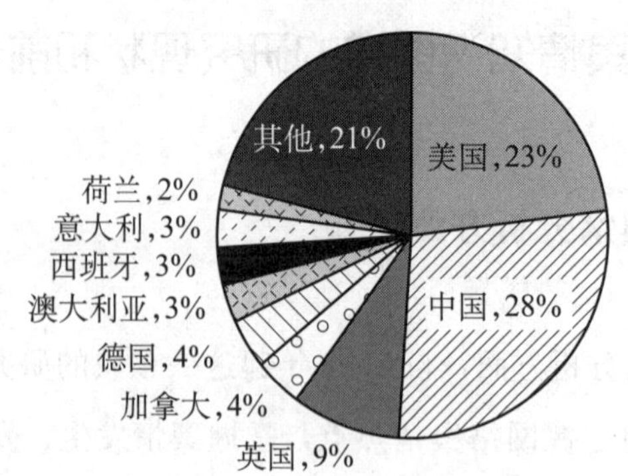

图 1－4　国际上关于“网络舆情”研究的国家分布状况

从时间分布来看，近些年一直呈上升的态势，如图 1－5 所示，说明“网络舆情”越来越受到国际学者的关注。

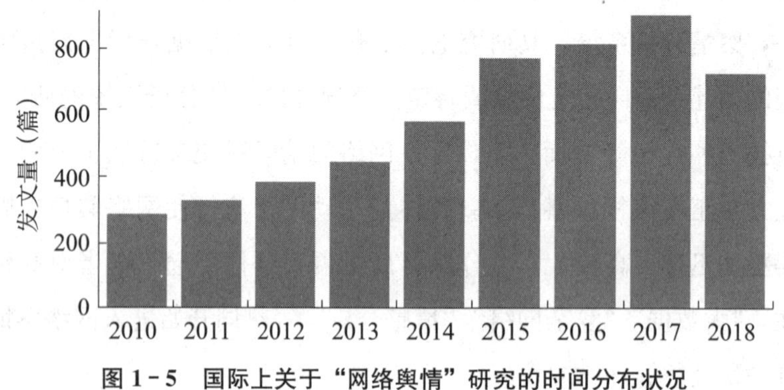

图 1－5　国际上关于“网络舆情”研究的时间分布状况

（2）国内研究状况。选择中国知网（CNKI），并通过中国人民大学图书馆网站入口进入。选择检索式为：主题＝（舆情）AND（网络 OR Web OR 因特网），检索到 17 182 篇文献。时间跨度设置为 2010 年到 2018 年进行精炼，去重后获取文献 16 698 篇。

从学科分布来看，新闻与传媒、行政学及国家行政管理、高等教育、计算机、中国政治与国际政治、社会学、统计学等领域的专家学者均在关注网络舆情分析问题。

从研究者的分布来看，国内学者主要集中在高校，主要包括华中科技大学、电子科技大学、吉林大学、中国人民警察大学、湖南大学、北京邮电大学、中国人民公安大学、武汉大学等。

从时间分布来看，近几年国内关于“网络舆情”的文献呈逐年上升的趋势，如图 1－6 所示，表明国内学者对“网络舆情”的关注度也越来越高。

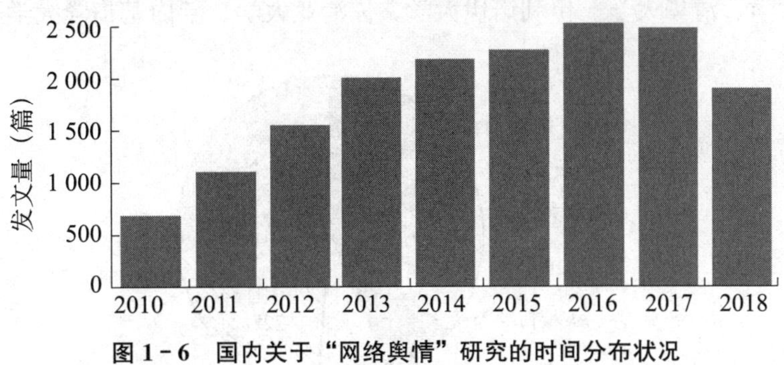

图 1－6　国内关于“网络舆情”研究的时间分布状况

2. 知识图谱方面

在知识图谱方面，自信息可视化和科学知识图谱绘制领域权威专家陈超美将可视化工具 CiteSpace 及知识图谱绘制方法引入中国后，国内学者对该主题的研究呈井喷之势。目前，知识图谱除了在图书情报学领域得到广泛和深入应用外，正快速地向其他学科或领域（如体育科学、教育学、科学学、管理学、军事科学、医学、经济学、物理学和新兴技术领域）扩散，并且取得了非常丰富的科研成果，且研究成果呈现递增趋势。总体来说，知识图谱主要应用是基于学术数据库，对各学科及其子学科的研究热点与前沿、研究主体及研究基础等进行可视化分析。而利用知识图谱原理和技术，对网络资源进行可视化关联图谱分析的研究比较少。

（1）国际研究状况。选择 Web of Science 网站并通过中国人民大学图书馆网站入口进入，数据库选择 SCI-Expanded、SSCI、A&HCI、CPCI-S、CPCI-SSH、CCR-Expanded、IC。时间跨度为默认值，即所有年份。检索式为 CP，共检索到 29 213 篇文献。选择 Article、Meeting 文献类型进行精炼，去重后得到 29 213 个检索结果。

从学科分布来看，知识图谱问题吸引了图书情报、计算机、工程、生物医学、环境科学等领域专业的积极关注，为本章的研究提供了重要的理论、方法、工具和技术基础。

从研究者的分布情况来看，相关研究者主要集中在美国、中国、德国、法国等国家，如图 1－7 所示。主要研究机构有加利福尼亚大学、中国科学院、得克萨斯大学、清华大学、伊利诺伊大学、佐治亚大学、卡内基梅隆大学等。

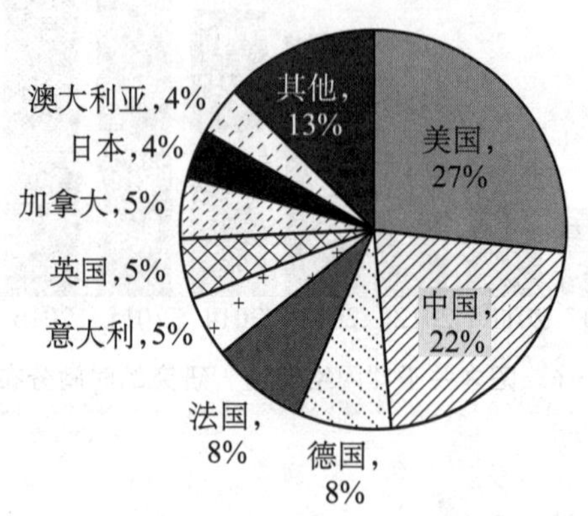

图 1－7　国际上关于“知识图谱”研究的国家分布情况

从时间分布来看，近些年文献量逐年递增，如图 1－8 所示，表明研究者对“知识图谱”越来越关注。

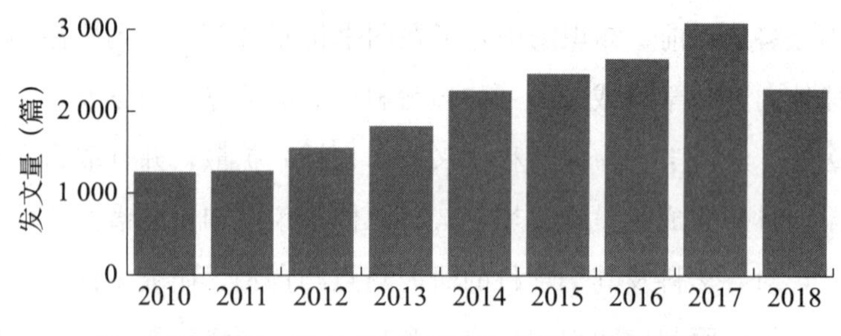

图 1－8　国际上关于“知识图谱”的研究时间分布状况

（2）国内研究状况。选择中国知网（CNKI）并通过中国人民大学图书馆网站入口进入。选择检索式为“主题＝知识图谱”，检索到 4 644 篇文献。时间跨度设置为 2010 年到 2018 年进行精炼，去重后获取文献 4 512 篇。

从学科分布来看，图书情报、计算机、教育学、经济学、新闻与传媒、管理学、自动化技术、语言学等领域的专家学者均在关注知识图谱问题。

从研究者的分布来看，国内学者主要集中在高校，主要包括大连理工大学、武汉大学、南京大学、陕西师范大学、华中师范大学、华东师范大学、吉林大学、浙江大学、安徽大学等。

从时间分布来看，近年来一直呈上升的态势，如图 1－9 所示，说明这几年内知识图谱越来越受到国内学者的关注。

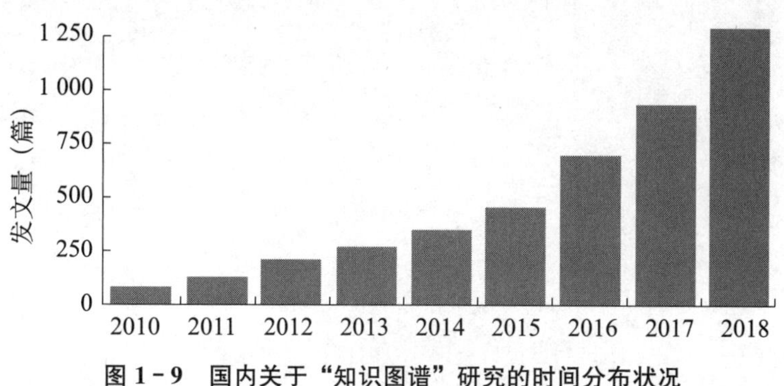

图 1－9　国内关于"知识图谱"研究的时间分布状况

总的来说，通过与舆情图谱结合，在信息推送和场景应用等方面建立相应的功能模块，可以为个人用户、企业和政府提供强大的舆情分析服务。研究难点主要在于现有技术和工具无法满足舆情图谱管理需要以及如何分析和精准定位用户需求。前者制约了舆情图谱管理效率，后者则对舆情图谱的应用面的延伸有较大的决定作用。舆情知识图谱构建的理论和方法是否科学，对舆情知识图谱分析和推理、调控的结果是否具有适用性，都需要在实际应用中进行检验和评估。如何高效地利用舆情知识图谱，将其用于实践，发挥价值便成为需要解决的关键问题之一。因此，如何寻找新的技术和新的理念管理和开发舆情图谱，以及将舆情知识图谱的优势和特点转化为实际生产效能，并结合其他领域构建应用实践体系是一个值得深入研究和探讨的重点和难点问题。

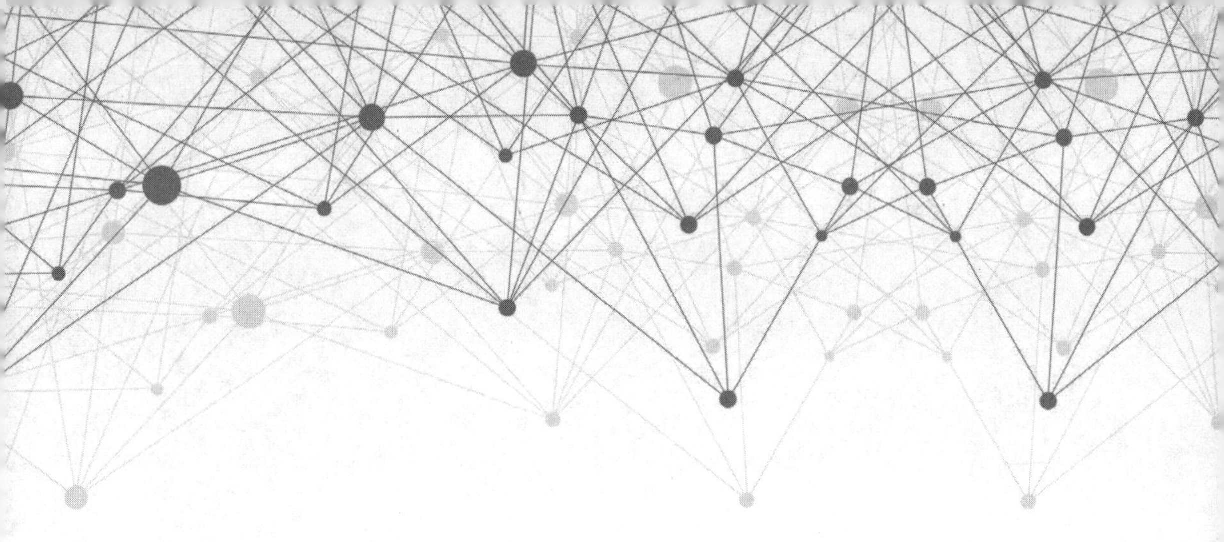

Knowledge
Graph

第 2 章　社会网络舆情知识图谱的分析和舆情调控

2.1　社会网络舆情大数据主题图谱构建

社会网络舆情知识图谱的构建可以分四个步骤进行。第一步是图谱构建，它以知识组织的相关理论和方法为手段，对社会网络舆情大数据的语义揭示和关联进行探索，构建一个覆盖大量社会网络舆情事件和舆情实体的语义互联覆盖网络，实现对社会网络舆情大数据的知识组织。第二步是图谱分析，基于该语义互联覆盖网络，以社会网络分析相关技术方法为手段，对大数据驱动的社会网络舆情主题图谱分析方法进行研究，挖掘出社会舆情主题图谱中更深层次的知识关联与更广范围的知识范畴。第三步是图谱调控，基于社会网络舆情特征，利用层次分析法提出了社会网络舆情预警指标体系，并利用灰色预测方法实现动态实时预警。同时，为了解决传统单点舆情调控策略的局限性，基于社会网络传播主体、传播路径和传播主题特征利用数据驱动的方法分别提出了社会网络舆情点调控、链路调控和主题调控策略，并在三者基础上，通过舆情特征——调控策略知识库的关联推送和例案推荐构建社会网络舆情的全局精准调控策略。第四步是应用，在已构建的舆情主题图谱的基础上，结合舆情图谱的特性和内容，突破瓶颈，寻找新的技术和新的理念管理和开发舆情图谱，发挥其价值。

社会网络的兴起极大地丰富了人们对于知识的获取、分享和传播途径，越来越多的人愿意通过社会网络来发表自己最真实的想法，社会网络也逐渐成为舆情发生和发展的主要场所。社会网络有以下特点：①基于社会网络开放、自由和隐秘的特点，目前舆情数据大规模地爆发，社会网络中所包含的各类信息十分丰富，从而使得人们想真实了解的数据与知识都被其他信息所掩盖；②社会网络舆情大数据大都是分散、异构、多粒度、缺乏统一的访问方式，人们要么无法获得其所需了解的舆情信息或知识，要么仅仅获得了整个舆情事件的某一片段信息；③当前，社会网络舆情数据还很难为计算机所理解，无法通过计算机对社会网络舆情数据进行语义或知识层面的操作，难以实现舆情分析的智能化。因此，为了更加高效地分析和利用这些社会网络舆情数据，进行社会网络舆情关联和舆情分析，从而帮助政府更全面有效地掌握舆情发展态势，就需要首先对这些海量、分布、异构、多粒度的社会网络舆情大数据进行大规模的采集、抽取和关联，构建完成的主题图谱，为社会网络舆情大数据关联演化分析和调控策略的制定提供基础。为此，本节解决的问题是：①如何高效地获取海量、分布式的社会网络舆情大数据；②如何构建社会网络舆情大数据主题图谱。

图谱构建主要通过对社会网络舆情大数据的语义揭示和语义关联，对社会网络舆情大数据进行知识组织，形成语义关联的覆盖网络，以便为图谱挖掘提供高质量的数据资源，做好图谱分析的准备。图谱构建主要是以社会网络的非结构化舆情数据为研究对象，借助传播学、拓扑学、计算机科学、统计学、情报学等学科的相关理论和方法，对舆情主题图谱数据的采集和主题图谱的构建进行研究和探讨，为后面的工作提供数据基础。图谱构建质量的好坏直接影响后面的舆情内容精准调控、语义删帖合理融合、新型题材自动发现等，因此需要构建准确合理的图谱，打下一个良好的分析、定策和实践的基础。

图谱构建分几个步骤。第一，借助行为追踪法、增量获得法、不同平台匹配法等方法进行数据的采集，为社会网络舆情主题图谱的构建提供更为丰富的、有效的、及时的数据支撑。第二，应用自然语言处理、文本挖掘、命名实体识别、机器学习等方法和技术对基于频繁词组挖掘的命名实体的识别技术和概念描述方法进行研究，以达到有效识别社会网络舆情大数据的实体类别、实体名称、实体属性、实体关系等语义内容的目的。第三，借助实体关联、属性映射、类映射、形式化描述和机器学习等方法和技术，基于社会网络舆情大数据的语义数据，对社会网络舆情事件中的实体、属性等对象之间的相似关系、时间关系、兵法关系、因果关系、顺序关系、参考关系等多类型关系进行标注。第四，基于相似度计算、规则推理等方法和技术，根据上一步语义标注的结果，对社会网络舆情大数据的语义关联进行研究，从而生成一个社会网络舆情大数据关联网络。

为解决上述问题，本节充分利用当前深度学习和人工智能等技术取得的重要成果，探索其在大数据采集、数据抽取领域的应用，以解决数据采集、数据抽取领域的关键技术问题。具体来说，本节包括以下几个方面的研究内容：①社会网络舆情大数据获取的新方法和新工具；②社会网络舆情大数据的语义抽取；③社会网络舆情大数据的语义标注；④社会网络舆情大数据的语义关联。其中，第一个方面的研究内容是解决数据的采集问题，提供基础数据支撑；后三个方面的研究内容是完成实体概念、实体属性以及实体关系等抽取工作，并发现社会网络中重要的舆情线索以及数据要素之间的相互联系。

社会网络舆情图谱构建包括以下四个内容，沿着知识图谱构建流程（数据采集—语义抽取—语义标注—语义关联）的基本思路展开。

1. 社会网络舆情大数据获取的新方法和新工具

为解决海量、分布式社会网络舆情大数据的采集问题，借助行为追踪法、增量获得法、不同平台匹配法等方法进行数据的采集，为社会网络舆情主题图谱的构建提供更为丰富的、有效的、及时的数据支撑。

在传统舆情分析中，数据源的获取通常较为单一，数据的获取也通常是一次性的，从而使得每次研究与分析都具有较大的局限性和延时性，尤其是舆情类数据的时效性和广泛性尤为显著。在本节中，社会网络舆情大数据的获取将主要解决增量式和兼容性数据的采集与共享的模型及方法的创新。增量式数据的采集既可以指在一定时间步长上获取数据，也可以指待数据产生特定的差异性时再获取数据。而兼容性数据的采集则旨在实现现有数据平台的互通、互容与互信。

2. 社会网络舆情大数据的语义抽取

为解决社会网络舆情大数据的语义抽取问题，借助短文本分析、命名实体识别等自然语言处理或机器学习的方法和技术对基于频繁词组挖掘的命名实体的识别技术和概念描述方法进行研究，以达到有效识别社会网络舆情大数据图谱构建所需的实体类别、名称、属性、关系等语义要素。

社会网络舆情大数据的语义抽取是社会网络舆情大数据语义组织和语义关联的起点和基础，其准确性和有效性直接关系到语义标注的质量。然而，社会网络舆情大数据的海量、分布式的特性给概念抽取带来了不小的困难和障碍。现有的语义抽取方法（如基于词典的方法、基于统计的方法等）都不能有效地解决这一问题。对此，在对现有语义提取方法进行分析的基础上，针对社会网络舆情大数据海量、分布式的特点，可以提出基于频繁词组挖掘的命名实体的识别技术和基于词图的概念描述方法，同时借助深度学习机制能够充分利用特定窗口范围内提供的上下文内容，抽取各个层次的特征以及特征之间的关系来帮助识别特定语义内容。

3. 社会网络舆情大数据的语义标注

为解决社会网络舆情大数据的语义标注问题，借助实体关联、属性映射、类映射、形式化描述和机器学习等方法和技术，基于社会网络舆情大数据的语义数据，对社会网络舆情事件中的实体、属性等对象之间的相似关系、时间关系、兵法关系、因果关系、顺序关系、参考关系等多类型关系进行标注。

社会网络舆情大数据的语义标注是运用社会网络舆情知识进行关联分析的重要基础，是表达舆情大数据语义概念和语义关系等语义内容的过程。为解决社会网络舆情大数据的语义标注问题，借助知识图谱中有关实体关联、属性映射、类映射等方法和技术，可以研究如何对语义抽取的结果进行语义标注。在社会网络舆情中，事件及其涉及的实体可能会与其他事件（或实体）相关，事件与事件之间也存在此类关系，这些关系可以是相似关系、时间关系、并发关系、因果关系。通过语义标注，我们可以得到相关舆情事件的关系集合。

4. 社会网络舆情大数据的语义关联

为解决社会网络舆情大数据的语义关联问题，基于相似度计算、规则推理等方法和技术，根据上一步语义标注的结果，可以对社会网络舆情大数据的语义关联进行研究，从而生成一个社会网络舆情大数据关联网络，以达到构建社会网络舆情大数据主题图谱的目的。

社会网络舆情大数据的语义关联是指对来自不同数据渠道、平台的社会网络舆情大数据，根据语义标注的结果，从多个维度进行语义关联分析的基本过程。社会网络舆情大数据的语义关联包括两个层次：事件层的关联和话题层的关联。前者是基于同一事件内实体进行的多维度关联，后者则是基于相关话题进行的多维度关联。原有的有关舆情信息的组合多从宏观角度对舆情数据进行融合，因此缺乏细粒度的舆情数据分析，难以体现舆情图谱的多维度特征，从而大大限制了数据的深度挖掘和分析，为解决这一问题，对基于相似度计算和基于规则的多维度关联方法进行研究，可以实现相关实体的多维度关联。

2.2　社会网络舆情大数据主题图谱分析与推理研究

图谱分析是大数据驱动的社会网络舆情主题图谱构建和调控策略的基础环节，主要通过对大数据驱动的社会网络舆情主题图谱的分析和推理方法的研究，从关键角色、关键节点、关键路径和趋势预测等多个维度对社会网络舆情主题图谱进行全面深入的挖掘，达到将数据转化为知识的目的。

应用基于知识图谱的多维度人物和组织画像技术等有效方法，从非形式化的数据中抽取表达意义的核心要点，可以识别人物、组织和机构等实体之间的关系。主要包括画像的建立、画像噪音消除、画像对比算法、画像扩展及推理方法、画像更新学习方法等几个重要步骤。通过描述一条信息完整的扩散过程，然后基于度量节点传播能力的系列指标，从扩散规模、扩散的时空特征、扩散树的结果等多维度对该条信息进行测量，以达到挖掘、分析关键扩散者（关键节点）的目的。鉴于社会网络中信息传播类似于液体在溶质中的渗透，可以在关键节点分析研究的基础上，采用渗透理论挖掘社会网络舆情大数据主题图谱中舆情传播的关键路径，为研究社会网络舆情大数据主题图谱调控策略提供重要依据。基于多层耦合社会网络上的信息传播，分析和挖掘信息跨多个异质社会网络扩散时的多维传播特征，以达到社会网络舆情主题图谱中趋势预测模型研究的目的。

社会网络舆情大数据主题图谱分析与推理是以上一节的构建的社会网络舆情大数据主题图谱为基础，借助复杂网络、拓扑学、传播学、社会学、心理学、统计学、图书情报学等学科的相关理论和方法，对舆情主题图谱的静态结果和动态演变进行分析和推理，研究如何对社会网络舆情大数据主题图谱进行更深层次的知识挖掘和更广泛的知识拓展。一方面，社会网络舆情事件主题、主体类型具有多样性，而且企业或政府对于舆情的管理有不同类型的知识需求，这给社会网络舆情大数据主题图谱分析带来了不小的困难。另一方面，由于上一节所构建的舆情主题图谱仅为实体及其属性之间关系相连的一阶图谱，而舆情事件是时刻动态变化的，因此为了满足政府的舆情管理需求，需要对基于该舆情实体关系的一阶主题图谱进一步完善和挖掘，进行更深层次的知识挖掘与更广泛的知识拓展。本节解决的问题是：①如何深入分析和挖掘社会网络舆情主题图谱中的关键人物、组织和机构及其相互间的关系；②如何识别并分析社会网络舆情主题图谱中的关键路径；③如何基于社会网络舆情主题图谱进行舆情趋势预测并进行新型舆情题材的自动发现。

根据社会网络舆情大数据主题图谱的实体属性间的各类型关系、网络拓扑结构、时间演化规律等，将社会网络舆情大数据主题图谱从“点”“线”“面”三个维度进行分析，每个维度又进一步围绕静态分析和推理以及动态分析和推理两个部分展开。

为解决上述问题，首先，本节依据社会网络舆情大数据主题图谱的特征、存在形式、演变过程等抽取出其核心元素：核心角色、关键节点、关键路径、发展趋势。然后，在对社会网络舆情主题图谱挖掘的相关方法和技术进行深入分析的基础上，分别探讨：①面向核心角色的人物和组织画像分析；②面向关键节点的社会网络舆情主题图谱分析；③面向关键路径的社会网络舆情主题图谱分析；④面向发展趋势的社会网络舆情主题图谱分析。依据上一节构建的社会网络舆情主题图谱，我们采用“点”（关键节点）、“线”（关键路径）、“面”（发展趋势）的研究思路循序渐进、抽丝剥茧地挖掘社会网络舆情主题图谱的内在特征和规律。社会网络舆情大数据主题图谱分析与推理包括以下四个方面。

1. 面向核心角色的人物和组织画像分析

为解决社会网络舆情主题图谱的核心角色的人物和组织画像分析问题，可以借助基于知识图谱的多维度人物和组织画像技术等有效方法，从非形式化的数据中抽取表达意义的核心要点，以达到对人物、组织和机构等实体之间的关系进行识别的目的。具体而言主要包括几下几项重要内容：画像的建立、画像噪音消除、画像对比算法、画像扩展及推理方法、画像更新学习方法。其中画像更新是对画像进行动态维护的结果。

舆情传播参与人物或组织分析是社会网络舆情抽象分析的重要内容，目前大量关于社会网络参与主体的分析工作都聚焦在用户自身的影响力度量和演化，以及用户及其邻居和所在社团之间的相互影响上，以用户群体为基本目标进行影响力分析以及用户和组织间的关联分析还不是很多。对此，我们采用面向核心人物和组织的画像分析技术，通过对文本的学习，从其中抽取刻画人物和组织的重要因素，用来具体描述人物和组织的特征。同时通过图谱技术，把任务和组织在社会活动中的联系关联起来，形成一个巨大的链接网络。

2. 面向关键节点的社会网络舆情主题图谱分析

为解决社会网络舆情主题图谱的关键节点分析问题，可以通过描述一条信息完整的扩散过程，然后基于度量节点传播能力的系列指标，从扩散规模、扩散的时空特征、扩散树的结果等多维度对该条信息进行测量，以达到挖掘、分析关键扩散者（关键节点）的目的。

基于社会网络的关键节点研究，目前有一种过于强调节点网络结构特征的趋势，从而忽略了节点自身的其他特征可能对节点影响力造成的影响。与基于网络结构的影响力分析比较，基于信息传播的影响力分析还相对比较薄弱。对此，我们基于用户属性对信息传播影响分析的研究，融合分布式特征学习模型，构建基于动态网络结构的增量式深度学习方法，挖掘社会网络舆情大数据主题图谱的关键节点和其信息传播模式，以及对语义删帖进行合理融合，找出舆情传播影响力的突破点，从而为资源优化分配及利用所得到的信息传播模式对舆情传播方向进行合理引导建立基础。

3. 面向关键路径的社会网络舆情主题图谱分析

为解决社会网络舆情主题图谱关键路径分析问题，鉴于社会网络中信息传播类似于液体在溶质中的渗透，可以在关键节点分析研究的基础上，采用渗透理论挖掘社会网络舆情大数据主题图谱中舆情传播的关键路径，为研究社会网络舆情大数据主题图谱调控策略提供重要依据，同时基于语义删帖合理融合理论，构建完整的语义网络。

社会网络中存在着各式各样的社区结构。由于社区内部结构连接紧密，信息在社区内部传播迅速，因此，信息在不同社区间进行传播的路径对舆情传播起着至关重要的作用。在跨两个社区的所有连接中，进出这两个社区的用户的度的总和最大的那些连接是整个网络中舆情传播的关键路径。对此，我们围绕基于网络拓扑结构的静态关键路径和基于传播的动态关键路径两个维度分析社会网络舆情主题图谱中的关键路径。其中，基于网络拓扑结构的关键路径又分为社区内关键路径、跨社区关键路径。基于传播的动态关键路径的分析需要考虑传播信息最多的路径，也分为社区内关键路径和跨社区关键路径。

4. 面向发展趋势的社会网络舆情主题图谱分析及新型舆情题材的自动发现技术研究

为解决社会网络舆情主题图谱趋势预测问题，以及对新型舆情题材的自动发现技术的研究，基于多层耦合社会网络上的信息传播，通过分析和挖掘信息跨多个异质社会网络扩散时的多维传播特征，可以达到社会网络舆情主题图谱中趋势预测模型研究的目的。借助自然语言处理中隐喻及关联题材技术研究的新成果，我们可以在社会网络中进一步研究全新的未知题材的舆情自动发现技术。

社会舆论参与度、传播链路权重以及个体接触信息的次数均会影响个体对于信息的决策过程，从而影响舆情扩散。社会舆论参与度越高，信息在网络中成功扩散的概率就越大；在平均度和聚类系数较大的网络中，免疫节点起到信息防火墙的作用，在一定程度上抑制信息扩散；社会舆论参与度越大，个体平均接触信息次数越少。在关键节点识别和关键路径识别的基础上，可以研究综合社会舆论参与度、传播链路权重和个体接触信息次数的社会网络舆情图谱趋势预测模型以及新型舆情题材的自动发现技术，为社会网络舆情大数据主题图谱的调控提供理论基础和形式参考。

2.3　大数据驱动的社会网络舆情主题图谱调控策略研究

我国正处于社会转型期，社会矛盾和问题比较突出，容易引起网民的关注和讨论，而这种讨论往往表现为一种情绪的发泄，非理性的成分比较明显，最后往往形成比较极端化的观点，即出现网络舆情群体极化现象。当非理性的或者被误导的观点得到极化后，会带来很大的不利影响。这主要体现在以下两个方面：一是网络暴力，即通过极端言论，对特定人展开群体攻击，致使其人身权利受到损害；二是舆情操控，即一些利益团体利用社会情绪操控网络情绪，制造群体极化言论以谋取自己的特殊利益。因此，运用合适的舆情精准调控策略对网络舆情进行引导和疏通对于构建和谐社会有重大意义。

在当今时代，人们面临着海量舆情数据，单靠人工去发现潜在舆情已不现实，将极端舆情扼杀在摇篮中和对已发酵的舆情如何第一时间科学、动态自适性地去应对，以及对于不同特征的舆情如何有效精准调控，已经成为一个舆情监管部门面临的共同难题。传统的舆情控制策略通常采用关键词/主题匹配的方法，在找出相关的舆情源后进行“删除”操作，因而造成舆情网络中传播节点的缺失，这种操作策略虽然能够在一定程度上控制舆情的传播，但对于社会舆情的管理带来了较大的负面影响。因此，一种好的舆情管理策略是使用正确的舆情源自适应地去替换相应的“删除舆情源”，即语义删帖合理融合，从而构建一个完整的舆情传播网络。

就如何动态提取舆情特征以及构建舆情预警指标体系而言，正确识别舆情特征是有针对性地制定精准调控策略的基础。不同的舆情具有不同的传播主体、传播社区、发酵阶段和传播主题等，如何基于社会网络舆情主体图谱，挖掘出有效的舆情特征，对于构建舆情预警模型和提出舆情精准调控策略有重大意义。通过图谱查询、路径挖掘、主题提取等方法可以将社会网络舆情主题图谱中机构、个人、事件类型、传播路径和阶段等有效舆情特征以数据化的方式动态存储起来并实时查询。

目前的舆情预警研究大都将突发事件情境下的舆情内容、舆情传播主体和行为等多个维度相分离，针对其中的某一维度依据专家主观经验构建预警模型，缺乏以数据驱动为基础的多维度之间客观影响规律的支撑。基于从社会网络舆情主题图谱中提取的有效舆情特征，我们根据网络舆情预警指标选取原则，并采用层次分析法设计了二级网络舆情预警指标，并在此基础上构建阶梯层次结构的网络预警模型。

如何针对舆情特征自适应地提出精准调控策略，不同的舆情具有不同的传播主体、传播社区、发酵阶段和传播主题，甚至对于同一舆情，所处阶段不同，其民众情绪也不同，因此，如何针对舆情特征，自适应地提出或者推荐合适的精准调控策略在舆情调控工作中扮演了重要角色。首先根据舆情的播主体、传播路径和传播主题等特征进行分类，然后利用爬虫以及数据挖掘技术对现有的舆情精准调控策略进行结构化、数据化存储，再通过主题提取、语义理解等方法，辅助以人工标注方法，对现有的不同调控策略进行分类并加以人工整合，对于不同的舆情特征运用推荐算法提出基于社会网络主题图谱的舆情点调控策略、舆情链路调控策略和舆情主题调控策略，并对于全局的热点局面在三者基础上提出舆情全局精准调控策略。

图谱调控是大数据驱动的社会网络舆情主题图谱构建和调控策略的桥梁。基于社会网络舆情主题图谱，动态提取社会网络舆情特征并构建社会网络舆情预警模型，然后针对不同的舆情主体、传播路径和舆情主题，提出自适应的舆情点调控、舆情链路调控和舆情主题调控策略，并在三者的基础上提出舆情全局精准调控策略。

为解决传统的舆情分析方法对舆情特征只能局部把握的问题，我们基于社会网络舆情主题图谱，利用主题抽取、实体识别等方法提取有效特征，去除冗余特征，从而得到舆情的多维度、全方位的有效特征，为社会网络舆情预警模型的搭建和社会网络舆情调控策略的提出提供了有力的数据支撑。接着，为解决判断舆情是否有必要调控的问题，基于社会网络舆情特征，我们利用层次分析法提出了社会网络舆情预警指标体系，并利用灰色预测方法实现动态实时预警。然后，为利用现有的大量成功的网络舆情调控策略经验，利用网络爬虫、主题提取等技术构建了基于社会网络舆情特征的舆情特征—调控策略知识库。最后，为了解决传统单点舆情调控策略的局限性，我们基于社会网络传播主体、传播路径和传播主题特征，利用数据驱动的方法分别提出了社会网络舆情点调控、链路调控和主题调控策略，并在三者基础上，通过舆情特征—调控策略知识库的关联推送和例案推荐构建社会网络舆情的全局精准调控策略。

大数据驱动的社会网络舆情主题图谱调控策略是基于社会网络舆情主题图谱，动态提取社会网络舆情特征和构建社会网络舆情预警模型，并针对不同的舆情主体、传播路径和舆情主题，提出自适应的舆情点调控、舆情链路调控和舆情主题调控策略，并在三者的基础上提出舆情全局精准调控策略。

为解决上述问题，我们在人工标注的基础上充分利用当前人工智能和自然语言处理等技术取得的重要成果，探索针对舆情特征提出新的全面综合的预警模型和动态自适应的调控策略问题。具体来说，研究内容包括如下几方面：①社会网络舆情动态特征的提取；②社会网络舆情预警模型的构建；③社会网络舆情调控策略的分类；④自适应的社会网络舆情精准调控策略的提出。其中，第一个方面的研究内容是数据的再精炼过程，是将抽象的舆情特征结构化、数据化的过程，是后三个方面的基础；后三个方面的研究内容主要是基于第一个方面的成果，针对舆情的特征提出相应的预警模型和调控措施。第三个方面需要一定的人工标注工作，也是第四个方面研究内容的基石。

我们通过自然语言处理和图谱检索技术从社会网络舆情主题图谱中动态提取了图谱特征，去除了冗余特征，在此基础上通过层次分析法搭建了社会网络舆情预警模型，为控制和疏导未扩散化的舆情提供了科学依据。同时区别于传统的单点专家经验调控策略，我们还利用爬虫、信息检索以及专家知识库等技术构建了舆情特征—调控策略知识库，并能根据舆情特征实现关联要素、方法推荐和例案推送，然后以此为基础，针对社会网络舆情的不同特征，提出了社会网络舆情自适应的点调控策略、链路调控策略和主题调控策略，最后在三者的基础上提出了综合的社会网络舆情全局精准调控策略。大数据驱动的社会网络舆情主题图谱调控策略包括以下四个方面的内容（见图 2-1）。

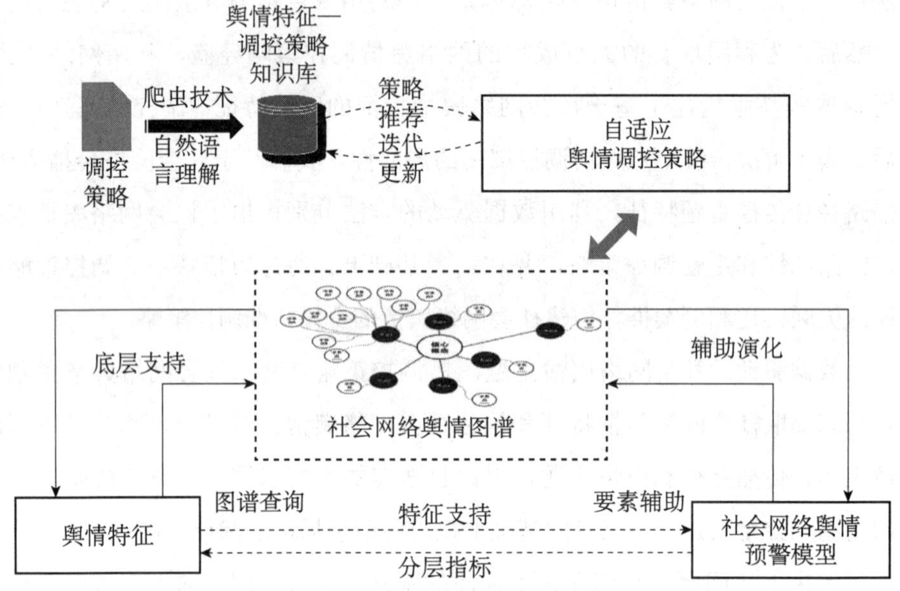

图 2-1　社会网络舆情主题图谱的舆情调控策略研究思路

1. 社会网络舆情动态特征的提取

为解决传统的舆情分析方法对舆情特征只能局部把握的问题，我们基于社会网络舆情主题图谱，利用主题抽取、实体识别等方法提取有效特征，去除冗余特征，从而得到舆情的多维度、全方位的有效特征，为社会网络舆情预警模型的搭建和社会网络舆情调控策略的提出提供了有力的数据支撑。

传统上，舆情的分析往往以词为研究单位，即通过词语的识别、统计、匹配等操作的单个因素研究方法，达到对舆情的了解与控制。在本章中，舆情的特征不再是单个维度的，基于社会网络舆情主题图谱的舆情特征提取，综合考虑了社会关系、传播路径、舆情内容等多个方面的舆情特征。具体来说，通过主题提取、实体识别以及路径挖掘等方法，舆情主题图谱中有效信息得以保存，同时去除了冗余信息，以此得到的多维度舆情特征是本节提出的社会网络舆情预警模型和自适应调控策略的基石。

2. 社会网络舆情预警模型的构建

为解决判断舆情是否有必要调控的问题，我们基于社会网络舆情特征，利用层次分析法提出了社会网络舆情预警指标体系，并利用灰色预测方法实现动态实时预警，有效地适用于新型舆情题材的发现。

目前，已有研究大都将突发事件情境下舆情预警模型的社会网络文本内容、社会网络情绪与社会网络用户信息行为三个维度相分离，然后，针对其中的某一维度，依据专家主观经验构建模型，缺乏以数据驱动为基础的三者之间客观影响规律的支撑。在提取社会网络舆情动态特征的基础上，可以根据可测性、可靠性、可导性、可延性原则，利用层次分析法完成社会网络舆情预警指标的设计。比如，热点事件网络舆情往往包括以下三类因素：警源（产生网络舆情风险的根源）、警兆（网络舆情风险在网络空间运行中暴露的现象）和警情（网络舆情风险的外部形态表现）。这三个因素就可以作为一级指标，在每个一级指标下面根据舆情特征又可以划分出多个二级指标，例如根据舆情主题便可以划分出政治争论和恶性侵犯事件等二级指标，以此构成社会网络舆情预警指标体系，然后基于灰色预测的方法，结合舆情特征，通过模式识别，建立社会网络舆情预警模型，以预警该舆情是否有必要调控。

3. 社会网络舆情调控策略的分类

为利用现有的大量成功的网络舆情调控策略经验，我们利用网络爬虫、主题提取等技术构建了基于社会网络舆情特征的舆情特征—调控策略知识库。

社会网络舆情调控策略的分类主要是指对已有的社会网络舆情调控策略大数据利用人工智能的方法根据舆情特征实现的再分类。在本章中，我们先利用爬虫和信息检索技术搜寻现有的舆情调控策略，并通过主题提取和语义理解等方法挖掘出每种调控策略，依据舆情特征进行分类，同时利用人工标注的方法进行校对和修正，并利用大数据挖掘技术和专家知识库对每种调控策略的效果进行打分，选择其中有效的策略（高于一定阈值），打好舆情特征标签并实时存储入舆情特征—调控策略知识库，并利用智能推荐等算法实现社会网络舆情特征的关联要素、方法推送和例案推荐。

4. 自适应的社会网络舆情调控策略的提出

为了解决传统单点舆情调控策略的局限性，我们基于社会网络传播主体、传播路径和传播主题特征，利用数据驱动的方法，分别提出了社会网络舆情点调控、链路调控和主题调控策略，并在三者的基础上，通过舆情特征—调控策略知识库的关联推送和例案推荐构建社会网络舆情的全局精准调控策略。

传统的舆情调控部门由于对舆情的信息获得有限，往往只能采用单点调控策略，例如针对涉及敏感内容的关键词识别删帖、针对群众性事件的权威发声等。面对大数据时代网络舆情爆发突然、密集、发酵快、具有社会属性等特点，传统的单点调控策略已经越来越难以适应大数据时代舆情调控的要求。我们在社会网络舆情预警指标系统的基础上，对有必要调控的舆情根据社会网络舆情的传播主体、传播路径、传播内容的特征，利用数据驱动的方法分别提出了社会网络舆情点调控、链路调控和主题调控策略，同时适用于新型舆情题材的自动发现。

社会网络舆情点调控策略指的是，针对社会网络舆情传播者的社会特征，例如职业、社会关系、爱好等，挖掘出其中的共同点，利用专家经验，有针对性地提出相应策略，并在舆情特征—调控策略知识库中通过主题匹配检索出相应调控策略作为辅助工具。一个典型的例子是可以利用社会网络挖掘技术查找谣言发起人，一旦找到，谣言就不攻自破。社会网络舆情链路调控策略指的是针对社会网络舆情传播的不同阶段特征，在舆情特征—调控策略知识库中检索并提出相应策略。一般来说，网络舆情的发展一般具有“散播—集聚—热议—流行”四个阶段。针对不同阶段的特点，通过合理的议程设置来阻止舆情进一步发酵是重要的方法之一。社会网络舆情主题调控策略是指针对社会网络舆情的内容特征，例如群体侵犯、小道消息等提出相应调控策略，主要是通过情感分析、语义提取的方法评估舆情话题敏感度、统计话题倾向性、分析某个主题在不同时间段内的受关注程度，为网络舆情发展提供科学的判断依据，同时结合舆情特征—调控策略知识库提出相应的策略。需要注意的是，利用专家经验提出的新策略也会被打上舆情特征标签，更新迭代进入舆情特征—调控策略知识库中。

在上述社会网络舆情点调控策略、链路调控策略和主题调控策略的研究基础上，我们利用数据驱动的方法，针对新的社会网络舆情的传播主体、传播路径和传播主题特征，在舆情特征—调控策略知识库中精准检索相应的调控策略，并通过语义理解、要素匹配、智能推荐等方法实现例案的精准推荐，从而构建出“点”“线”“面”三位一体的社会网络舆情全局精准调控策略。

2.4 大数据驱动的社会网络舆情主题图谱的应用

目前，以谷歌、百度、搜狗为代表的知识图谱应用范围主要集中在信息搜索领域。在大部分情况下，舆情信息搜索是人们利用舆情主题图谱的首要目的。在信息搜索过程中，运用知识关联技术将完整的答案呈现给用户，并解答问题。此外，舆情知识图谱应用实践不仅仅局限于信息搜索。舆情主题图谱在舆情分析和调控方面具有独特的优势，应用开发潜力巨大。如何将这些优势和特点转化为实际生产效能，并结合其他领域构建应用实践体系是一个值得深入研究和探讨的问题。

图谱应用是大数据驱动的社会网络舆情主题图谱构建和调控策略的主要目标，主要是通过对大数据驱动的社会网络舆情主题图谱的有效管理和应用价值的探究，分析社会网络舆情主题图谱在经济、政治、生活等方面的实践应用的科学性、有效性和适用性等。

为了解决舆情主题图谱存储空间困难和网络洪峰问题，我们借助分布式文件存储、图模型管理、新型数据库、网络切分技术，通过设计合理的存储模式和网络结构，以达到将舆情主题图谱部署到运行系统的目的。此外，为了解决舆情主题图谱运行中的差错问题，我们借助于批处理和流处理的评估机制，通过在线监控和离线分析对舆情主题图谱进行错误处理，利用众包反馈手段对舆情主题图谱分块纠错，以达到对舆情主题图谱维护的目的，确保时刻处于正常运行状态。接着，为了解决舆情发展与图谱不同步的问题，可以借助网页重标注和版本迭代机制，进行实体更新、属性更新、关系更新、知识融合，以达到舆情主题图谱能跟随舆情动态变化而调整内容和结构。最后，为了探索舆情主题图谱有哪些应用方面的问题，可以通过语义解析、场景构建、数据检索等手段，结合舆情主题图谱的内容和特点，深入政治、经济和社会等领域，分析国家舆情监管部门的需求，提供信息搜索、舆情分析、知识问答、扩展接口等服务，以达到搭建舆情主题图谱综合应用系统框架的目的。

大数据驱动的社会网络舆情主题图谱的应用在已建构的舆情主题图谱的基础上，结合舆情图谱的特性和内容，探讨其如何高效地利用舆情主题图谱，将其用于实践，发挥价值。

从理论上看，舆情主题图谱通过与知识图谱相结合，达到分析舆情的目的，也能据此制定出相应的调控策略。但是舆情主题图谱的应用价值不仅仅局限于舆情分析和调控，还应该有其他方面的应用。此外，一个能正常运行的系统的前提是具备良好的部署和完善的配置。因此，本节有三个方面的问题需要解决：①如何有效利用社会网络舆情主题图谱；②社会网络舆情图谱有哪些方面的应用；③如何利用舆情图谱，更有效地完成舆情监管和预警工作。

如何有效利用社会网络舆情主题图谱涉及舆情图谱的管理，可以通过在有限的时间和空间范围内，挖掘舆情图谱的价值，充分利用资源，为其应用提供基础。这个问题主要涉及两个方面。一是理论与实践的差别。在舆情图谱构建和舆情图谱分析中，对知识图谱构建要素和理论方法进行详尽的研究，其构建和分析理论可以在实际应用中直接发挥指导作用。二是开发中的技术问题。在社会网络产生的庞大数据下，传统的技术手段和方法在许多情况下失去作用，通过高可控的管理达到良好收益的目标无法实现。因此，要在旧有的瓶颈上进行突破，寻找新的技术和新的理念管理和开发舆情图谱。社会网络舆情图谱从运行周期上可以分为部署、运行和维护三个阶段。通过分析每个阶段所面临的需求，确定舆情图谱构建中相应的理论观点。在软硬件平台上寻找最优的技术手段和方法，用于舆情主题图谱的管理。此外，对舆情主题图谱所能提供的信息和服务，以及在政治经济领域的应用场景展开研究。在舆情调控的基础上，实现舆情调控策略自动生成。分析与舆情相关的政府部门和企业机构，探索经济、社会安全等领域的应用价值，构建一个较为全面且完整的应用实践体系。

为解决上述问题，探讨舆情主题图谱管理和舆情主题图谱应用体系开发构建，充分发挥社会网络舆情主题图谱的使用价值。根据舆情主题图谱生命周期，管理内容为部署与架构、运行与维护、更新与迭代三方面。在此基础上，大数据驱动的社会网络舆情主题图谱的应用包括以下四个方面的内容（见图 2－2）：社会网络舆情主题图谱部署与架构、社会网络舆情主题图谱运行与维护、社会网络舆情主题图谱更新与迭代、基于社会网络舆情主题图谱的应用服务。前三个方面涉及舆情主题图谱管理。从开始创建到投入应用和运行，从整体上控制系统，预防差错。最后一个方面探讨舆情图谱开发与利用，即基于社会网络的舆情主题图谱所能提供的服务。以下分别讨论。

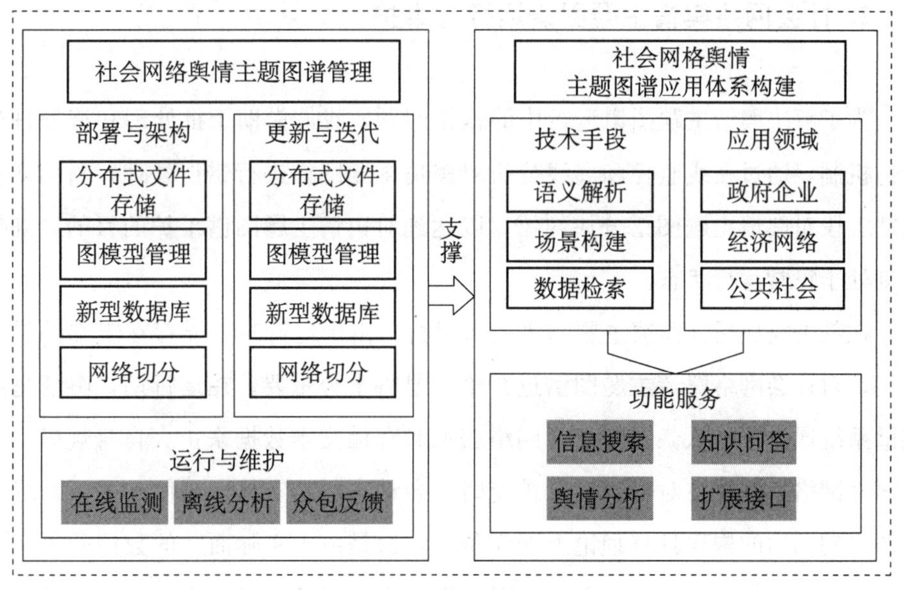

图 2－2　研究思路关联关系

1. 社会网络舆情主题图谱部署与架构

为了解决舆情主题图谱存储空间困难和网络洪峰问题，我们借助分布式文件存储、图模型管理、新型数据库、网络切分技术，通过设计合理的存储模式和网络结构，达到将舆情主题图谱部署到运行系统的目的。

社会网络舆情主题图谱部署与架构是指通过合理的架构设计，将已经构建好的模型按照一定方法和步骤进行布置和安排，做好投入运行前的准备。该部分工作的意义在于联系了理论和实际。舆情主题图谱部署包括环境搭建和系统配置。数据存储和网络架构设计是部署任务中的关键问题。面对社会网络大数据，传统文件存储数据时共享性不好且并发性能差。关系型数据库在数据密集型应用方面显得力不从心，在灵活性、扩展性和对非结构数据的支持方面都表现较差。集群式网络结构不利于大规模数据的下载。

上述难题的解决需要新的技术和方法。在文件存储方面，分布式文件存储系统具有将复杂任务分解为多项小任务的功能，满足并发访问，具有较高的可靠性和安全性。

2. 社会网络舆情主题图谱运行与维护

为了解决舆情主题图谱运行中的差错问题，我们借助于批处理和流处理的评估机制，通过在线监控和离线分析对舆情主题图谱进行错误处理，利用众包反馈手段对舆情主题图谱分块纠错，以达到对舆情主题图谱维护的目的，确保时刻处于正常运行状态。

在部署完成后，舆情主题图谱投入运行。由于运行时可能存在未知的异常发生，对社会网络舆情主题图谱进行维护显得十分重要。在运行期，舆情主题图谱系统通过不断从微博等社会网络获取和存储文本数据来扩大自身规模，丰富语义网络。系统在对内容进行扩充时，会动态更新实体、属性和关系。尽管舆情主题图谱的构建具有理论上的完备性，但是由于实际面临的数据的复杂性和异构性，可能会出现其他差错，因此需要实时监控。根据不同的情景进行线上跟踪和线下处理，每一段时间做出基于日志的分析，确保舆情主题图谱系统运行状态处于正常。另外，在舆情主题图谱纠错中，由于图谱的复杂性，通过图网络扫描，对比已有知识库进行全局检测和检查的方式代价巨大。通过整合计算机和互联网上未知的大众来完成单一机器难以处理的任务的众包机制可以有效解决该问题。其处理流程是将整个结构划分为小的部分，将每一部分分给不同的人处理纠错工作，把完成的结果提交给平台。众包方式利用群体智慧的协同式知识编辑，实现专业团队对舆情图谱集中式管理与大众的分散式管理的互补，节省了资源和时间。

3. 社会网络舆情主题图谱更新与迭代

为了解决舆情发展与图谱不同步的问题，可以借助网页重新标注和版本迭代机制，进行实体更新、属性更新、关系更新、知识融合，以达到舆情主题图谱能跟随舆情动态变化而调整内容和结构的目的。

舆情主题图谱不会长时间保持同一个模式。在社会网络舆情变化中，它的结构和内容也随之发生改变。设计健全的更新和迭代机制能让舆情主题图谱更好地进行舆情分析和提供服务。实践中的一个关键问题在于因为获取数据的网站发生变化而丢失数据源。由于技术人员会对网站进行不定期的更新，从而导致页面框架和内容发生变化，这种网站更新常常会导致原有模式失效。此时需要对最新的页面进行重新标注并学习新的模式，从而构建更新的包装器，重新爬取页面。在完成数据抽取后，更新舆情图谱。舆情发展具有阶段性差异，应通过不停的版本迭代扩建舆情主题图谱规模，使其能够全面反映舆情时间线上的所有关联事项，形成完整的舆情主题图谱。

4. 基于社会网络舆情主题图谱的应用服务和实践

为了探索舆情主题图谱有哪些实践方面的问题，我们通过语义解析、场景构建、数据检索等手段，结合舆情主题谱图谱的内容和特点，深入政治、经济和社会等领域，分析国家相关部门的需求，提供信息搜索、舆情分析、知识问答、扩展接口等服务，以达到搭建舆情主题图谱综合应用系统框架的目的，为国家网信办、国务院应急办等舆情监管部门提供有效的决策支持。

社会网络舆情主题图谱应用服务的设计目标为，在总体上可以方便地控制，在应用开发方向上多样化。它是社会网络舆情主题图谱价值的体现。现阶段，诸如谷歌知识图谱、搜狗知立方和百度知心等一般知识图谱信息搜索功能非常强大，但是扩展功能不多。如果只是具有信息搜索功能，那么舆情主题图谱的价值和作用就被严重低估了。舆情主题图谱应该在满足基本的搜索功能上探索更多实践范围，满足人们对舆情知识或者其他方面的需求。当舆情主题图谱足够大时，它所包含的信息将会非常多，通过系统智能分析和运算产生的衍生内容产物将会异常庞大。因此，可以在社会网络舆情主题图谱具有丰富信息的基础上发展热点话题跟踪、重点人物关注等信息推送功能。根据用户工作性质和工作范围的不同划分出不同的用途，可以构建经济舆情监测网、面向舆情的政府知识管理、突发事件预警与调控以及高校舆情知识库，并构建能够理解语义和进行知识推理的问答知识库，满足人们对多方面知识的需求和渴望。通过开放和提供相应的轻量级 API 接口，可以让其他企业和客户获得有关舆情图谱的内容和分析报告。舆情主题图谱通过结合各个领域，在提供各种服务的基础上，构建了一个良好的生态圈，达到服务快捷化、生态共享和互利共赢的局面。从总体上看，在有效利用社会网络舆情图谱方面，通过对其部署、运行和维护的研究，可以达到有效管理的目的。而在实践应用方面，通过分析各个领域的舆情需求，在满足常规信息搜索的基础上，可以构建具有特色的各类舆情分析系统和预警机制，满足各类用户的需求。

2.5 社会网络舆情知识图谱的未来展望

十年来，互联网监管工作无论从理论上还是从实践上，都已经取得了长足的发展，绝大部分舆情问题都能得到基本的控制和引导。近几年，自然语言处理技术和文本挖掘取得了新的进展，包括知识图谱的应用，自然语言理解不仅在速度上，而且在精度上，都得到了进一步的提高。

在社会网络舆情主题图谱构建过程中，命名实体识别和分类是关键技术。英文的命名实体识别相对容易，在表达形式上英文书写有词的边界，在英文文本中专有名词的第一个字符一般为大写，这样实体的边界就自然确定了。中文中的专有名词没有特殊标识，这就为这方面的工作造成了较大的困难。利用深度学习的方法，尽可能地提取专有名词的特点，同时利用上下文的知识，可以充分利用这些资源帮助解决问题。很多方法还依赖大量的标注数据，提高精度需要的成本非常高。因此，如何降低实体识别对标注数据的依赖也给我们提出了挑战。

社会网络舆情在传播过程中并不是孤立的，舆情事件之间的关联现象普遍存在。当某一事件成为热点时，往往会通过共同主体或共同主题关联其他热点事件。而在目前的研究中，每一舆情事件的传播网络、每一个节点都是孤立存在的，没能考虑舆情传播过程中的耦合性、关联性特征以及网络中相邻节点和多个节点簇之间的合作与分享。因此，如何基于社会网络舆情主题图谱定量地分析舆情传播之间的关联性、节点之间的合作与共享，进而更好地指导舆情主题图谱调控的实用性，是舆情主题图谱分析和推理过程中的难点。

目前的舆情预警研究大都将突发事件情境下的舆情内容、舆情传播主体和行为等多个维度相分离，针对其中的某一维度依据专家主观经验构建预警模型，缺乏以数据驱动为基础的多维度之间客观影响规律的支撑。因此，基于从社会网络舆情主题图谱中提取的有效舆情特征，并在第一时间科学、动态自适性地应对突发舆情事件，以及对不同特征的舆情如何有效精准调控已经成为一个舆情监管部门面临的共同难题。

可以通过与舆情图谱结合，在信息推送和场景应用等方面建立相应的功能模块，为舆情监管部门提供强大的舆情分析服务。其研究难点主要在于现有技术和工具无法满足舆情图谱管理需要以及如何分析和精准定位用户需求。前者制约了舆情图谱管理效率，后者则对舆情图谱的应用面的延伸有较大的决定作用。因此，如何寻找新的技术和新的理念管理和开发舆情图谱，以及将舆情主题图谱的优势和特点转化为实际生产效能，并结合其他领域构建应用实践体系是一个值得深入探讨的重点和难点问题。

随着近年来互联网的进一步普及和手机的应用，参与网络讨论的人群越来越大，各种需要监控的新型帖子越来越多，这也给舆情监控从技术上和管理策略上都提出了新的要求。因此，如何自动及时发现数据库中预设的舆情监控类型以外的新型舆情题材，是一个重要问题。

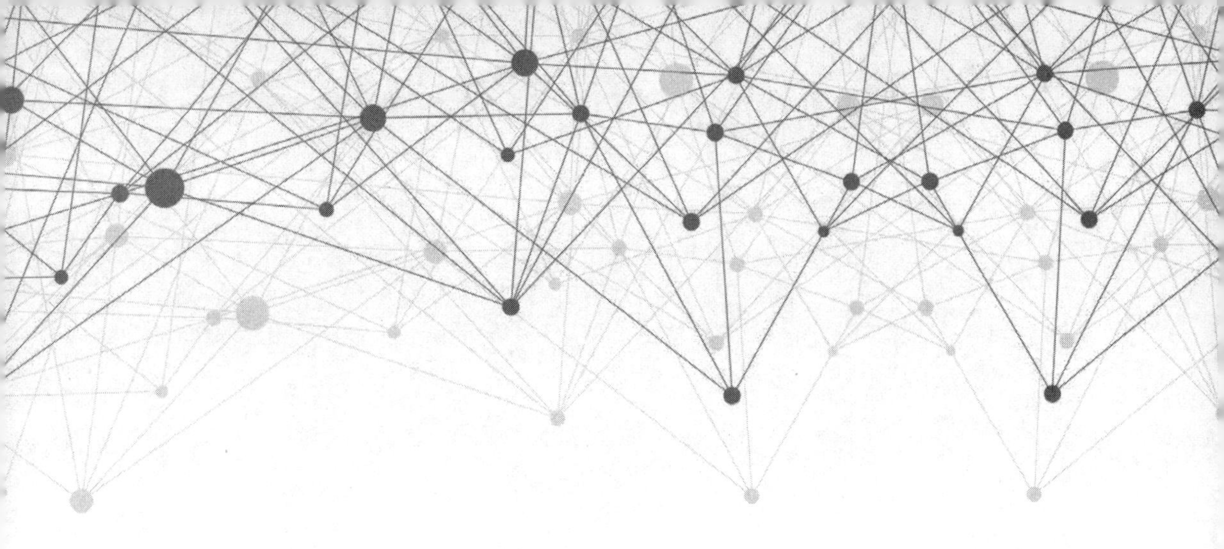

Knowledge
Graph

第3章　社会网络双舆情图谱分析与企业舆情管理

3.1　社会网络企业单舆情管理

近年来，互联网应用迅速普及，推特、脸谱网、新浪微博、淘宝、今日头条等平台聚集了数据量可观的用户群体。网络平台具有传播快、扩散广的特点，这使得与企业相关的重大事件得到了前所未有的关注和讨论，甚至部分事件逐渐演变为网络舆情事件。本节将聚焦于社会网络背景下的企业舆情，介绍相关定义、特点和舆情管控措施等情况，为企业双舆情的分析做铺垫。

1. 社会网络企业舆情概念界定

信息传播方式因社会网络的出现和兴起而改变，社会网络背景下的舆情由此产生。社会网络舆情指的是网民借助于社会网络平台对个人、企业、国家管理者等表达意见和触发情绪的集合。社会网络的广泛使用对企业舆情的传播过程产生了广泛而深远的影响。长春长生疫苗事件、杜嘉班纳辱华事件、郑州空姐打车遇害案等舆情事件的发生、发展及消解都与网友和网络媒体的传播密切相关，成为社会网络环境下的企业舆情热点事件。梁循和许媛等（2017）将社会网络企业舆情定义为“由个人以及各种社会群体构成的公众，在一定的历史阶段和社会网络空间内，对自己关心或与自身利益紧密相关的特定企业的产品、经营和管理，通过网络表达的多种情绪、意愿、态度和意见的集合。”

陈少华和张梦（2017）认为诱发企业舆情的原因大多是其提供的产品或服务有一定问题，比如质量不过关、售后服务水平低等，也有可能是安全事故、非法广告营销等管理方面的不妥当，或者是企业员工的社会行为。以企业的产品或服务出现问题为例，事件发生后，消费者的意见提出、媒体和合作伙伴对问题的报道、同行对手出于竞争策略对于事件的进一步揭发、社会网络平台上话题的持续发酵和扩散，便形成了企业舆情。

2. 社会网络企业舆情的特点

网络新闻媒体、网络购物平台、社会网络平台等成为企业舆情传播的主要渠道。企业舆情具有虚拟性、互动性、开放性、易感性、突发性、丰富性、实时性等特点。

与社会舆情相比，企业舆情可能由于企业本身规模的庞大和产品服务的广泛提供，当舆情爆发时，具有分布区域广、诉求集中的特点（陈少华和张梦，2017）。首先，与国家和个人层面的舆情相比较，企业舆情在管理层面更偏重于与企业利益相关的舆情，企业想要通过社会网络的良好利用建立优质品牌，达到促进销售、提高盈利的目的；其次，企业舆情的传播与爆发多集中于短时间内，因此对舆情管理的时效性要求较高；最后，相比于国家层面对不良舆论的删除及预防措施，企业舆论通常通过网络公关等进行舆情引导，对社会网络中的内容和结构识别有较高的要求。

3. 社会网络企业舆情的管控

在社会网络背景下，网民的知情权、主动权大大提升，媒体传播也更为广泛和快速，使得网络舆情成为一把双刃剑。网民及媒体对企业的商业管理、产品服务的评价和建议——广受好评的作为可以广泛推广，舆情反映较差的作为可以加以改之——对商务模式变革、提升企业利润有一定帮助。研究表明，60％的公司在面对网络舆情时应对不当，对企业产生了更为消极的影响（品牌信任度下降、品牌形象受到损害等）。因此，对负面舆情的管控具有十分重要的意义和价值。

生命周期理论认为，事物一般经过发展、成长、成熟、衰退等几个重要阶段，周而复始，循环往复。对于不同时期采取特定的应对手段有较强的针对性，使其解决问题的效率有所提升。范晓倩和于斌等（2019）提出，负面网络舆情的发展可以分为三个时期，分别是萌发期、成长期和消逝期，对于不同时期应采取不同的应对策略，即事前预防（做好企业产品和服务，警惕对手恶意攻击、建立舆情监测系统等）、事中应对（坦诚面对负面舆情、加大应对舆情投资）和事后修复（引导积极舆情报道等）。李佳楠（2019）以内蒙古地区的政务公开工作为例，提出健全网络舆情预测、建立联动协调应对机制等建议。梁循和许媛等（2017）提出可以从三个方面管控企业舆情传播：首先，从社会网络结构的角度，企业可以引导和干预关键路径，以较低的成本有效降低舆情传播的范围和速度；其次，从社会网络内容的角度，解析不同形式的信息和节点属性，采取具有针对性的应对措施；最后，针对各类用户的在线时间特点，采取特定的措施应对。辜丽琼和夏志杰等（2019）以三全灌汤水饺猪瘟事件为例，分析了企业应对舆情前后的网民情感变化，发现在声明发出前后，网友负面舆论的集中攻击点有所变化，进而提出企业应实时监控舆论变化，并根据网民情感采取相应方案的建议。

3.2　舆情事件的耦合研究

1. 耦合的基本定义

耦合的概念源于物理学中的电学分支学科，后来用来指代事物之间存在彼此关联、相互影响的一种现象，逐渐被学者们引用到学术信息资源、旅游业的关系研究中，它反映的是相互作用下的事物之间所表现出的一种静态或者动态关联关系。耦合关系是指两个或两个以上的系统或现象通过互动而形成的相互协调、相互作用的关系（杜晖，2013）。许媛和梁循等（2018）提出，不同企业舆情事件形成的相互影响、相互作用的动态联动关系为舆情事件的耦合关系。

2. 舆情事件耦合的研究现状

国内学者已在企业科技成果转化的知识与人才的双链耦合、景区网络形象与旅游流的耦合关系等不同领域研究了耦合机制（王玉梅和袁晓莉，2009；陈小娟，2016）。在事件耦合的研究上，齐佳音和刘慧丽等（2017）从微观角度探究突发性公共危机事件舆情态势演化的内外源动力之间的耦合作用。在突发事件的耦合上，朱恒民和杨柳等（2016）采用Price网络和WS网络模拟线上线下网络层，通过一定的关系连接设计了传播的耦合网络载体。于凯和荣莉莉等（2015）研究了线上线下耦合的传播机制和特点。亦有学者在理论层面上对突发事件耦合因素的多种效应及应对策略进行了探讨（迟菲和陈安等，2014）。另外，已有学者使用超网络模型分析舆情事件。如Wang和Liu等（2015）将超网络模型应用于舆论研究，通过定义节点和边的属性值有效地描述了舆情事件。在此基础上，超边缘耦合算法被进一步提出，并被用来定量分析不同的网络舆情事件之间的耦合机制。

因此，目前国内外对舆情耦合的研究仅局限于单一事件中要素的耦合，比如内外源动力的耦合、谣言与舆情的耦合、公众认知、突发事件的耦合本质探讨等；对耦合网络传播模型的构建也只是局限于某一事件，如线上线下网络的耦合模型等。然而现实生活中的舆情传播更为复杂和多样，不同舆情事件间存在着不能忽视的相互关系，使用单一舆情的耦合传播模型难以精确解释双舆情耦合发生的传播过程。因此，研究企业双舆情具有重要意义。

3. 主题耦合的相关分析

舆情主题耦合是指，当一组舆情具有耦合关系时，它们一定具有某些方面的相同特征，表示的是舆情事件之间的固定且长久的关系，反映了一种不随时间的推移而改变的静态结构。从舆情主题之间的耦合关系可以自然地扩展到关键节点间的耦合关系——以关键节点共同发表见解为基础建立的耦合关系。

当舆情事件拥有相同舆情主题或者相同关键节点时，称为主题耦合的多舆情，它们之间的关系即为主题耦合，通常使用舆情事件耦合强度或耦合频次（即相同舆情主题下的多个舆情事件拥有的共同关键节点的数量）来度量它们之间的耦合程度，耦合程度越强，舆情事件的相似度就越高。度量绝对耦合强度可以使用关键节点交集法、最小耦合值加权法。相对耦合强度的测度包括舆情事件关键节点耦合强度和Jaccard舆情耦合强度。

3.3　社会网络企业双舆情管理

随着社会网络适用范围的扩大、舆情传播方式及内容的复杂化，企业使用现代化的管理手段应对舆情十分关键。单舆情在国内外研究中已经得到了较为广泛的讨论，但双舆情还是一个较为前沿的概念。通过对双舆情的研究，可以揭示多个企业舆情事件耦合的规律，对于处理企业舆情有重要意义。本节将从研究现状、事件本身的局部作用等方面对社会网络中的企业双舆情展开基本介绍。

1. 社会网络企业双舆情基本定义

在社会网络中，两个时间序列紧密衔接的企业相关舆情事件称为时序紧密耦合的社会网络企业双舆情。两个事件中各因素相互作用，后发生的次舆情事件的出现对第一个事件产生一定的作用（如衰退、重新兴起等），由此构成了时序上双舆论的紧密耦合，形成了更为复杂的舆情态势。时序耦合的双舆情可能随着社会事件的发展自然产生，也可能源于人为控制以达到舆论引导、转移舆论焦点的目的。后者也可以为企业舆情处理提供新思路——揭示或透露其他更有噱头的事件，进而对网友或媒体的关注进行一定程度的分散，为企业下一步的舆情应对措施争取时间。

2. 社会网络企业双舆情局部作用分析

当时序耦合的双舆情事件的耦合因素达到一定水平时，就会出现耦合效应。但存在时序耦合的两个事件之间的相互作用可能毫无关系。为了更清晰地认识时序耦合的双舆情事件之间不同的相互作用，可以将其分为局部反向抑制、局部正向激励和局部无关作用。局部反向抑制指的是两个在时序上耦合的部分，次舆情事件对首先发生的事件有抑制作用，即前者消减了后者的舆情传播效果。

局部正向激励指的是时序耦合事件的耦合部分，事件二存在与事件一相似的舆情因素（事件主题、事件内容的相似性等），同时在事件二的激励下，事件一得到了更为广泛的传播和扩散。局部无关作用指的是两个事件各自独立发挥作用，舆情因素互不影响或影响不明显。

3. 社会网络企业双舆情案例

本节将从局部正向激励和局部无关作用出发，对相互作用各不相同的两起耦合双舆情事件进行分析，分别是“美团”与“饿了么”恶意竞争事件、“宜家夺命柜”与“滴滴收购”事件。之后针对不同类别的双舆情事件提出企业应对建议。

①局部正向激励。

“美团”无照商家事件与“饿了么”幽灵餐馆事件是较为典型的局部正向激励的事件，后者的出现加剧了消费者对外卖企业的质疑，也引发了监管部门对外卖行业更为密切的关注，外卖业务相似的两个企业一时之间被推上了风口浪尖。此时两者的双双爆发不但没有起到相互抑制的作用，反而推动了企业危机的产生，是局部正向激励的双舆情事件案例。

在社会网络较为发达的现实环境中，企业舆情一般更看重品牌口碑（谢文阁和佟玉军等，2015）。因此，在处理局部正向激励的双舆情耦合事件时，企业可以更偏向于运用和发挥，即应当善于发现、善于探索、细心留意与本企业舆情相关联的耦合事件，探寻其中具有正面效应并有所共鸣的舆情因素，进而树立本企业的正面形象，维持良好口碑，继续扩大影响力。但如何合理准确地进行正面信息的收集提取、汇总分析，挽回企业品牌形象、维持企业品牌口碑，进而达到最大限度地降低损失、获得商业盈利的目的，则需要每个企业进行仔细缜密的思考和大胆的实践。

②局部无关作用。

2016 年 6 月 30 日，“宜家夺命柜”事件爆发，在社会上引起轩然大波。2016 年 8 月 1 日，在“宜家夺命柜”事件的热度还未褪去之际，滴滴收购优步，同样也得到了广泛关注。这两个舆情事件虽然在时间上有重叠的部分，实现了时序紧密耦合，但舆情因素相差较大，故耦合部分存在无关作用，此时双舆情事件的相互作用为局部无关作用。

针对局部无关作用的双舆情耦合事件，当企业想要使用其他耦合事件扩大正面效应或者削减负面效应时，出于对企业人力、物力、财力有效利用的考虑，应当注意识别——避免制造或者运用无关事件推动正面信息的传播或对其负面信息进行掩盖。在企业舆情管理中，时序耦合的双舆情是较少遇到的新模式。企业在舆情管理的过程中，应当注意在时序上耦合发生的另一舆情事件，不能采用消极的企业舆情应对和管理方式，如通过制造和推动舆情事件来转移和回避焦点问题，否则可能会带来意想不到的负面效果。

3.4　天津港爆炸事件图谱分析

“8.12 天津滨海新区爆炸事故”是一起于 2015 年 8 月 12 日 23：30 左右发生在天津市滨海新区的重大安全事故。事故发生的主体是位于天津市滨海新区天津港的瑞海公司危险品仓库，这一起爆炸事故造成了 165 人遇难，其中至少包括 75 名天津港消防人员。事故一经发生，就在微博、微信等互联网新媒体平台上快速传播，许多微博博主在第一时间就发出了关于事故现场的微博，并且新浪微博“头条新闻”在监测到火灾和爆炸之后就发布了一条关于天津港爆炸的较为客观和综合的消息，此条微博一经发布，转发量就达到了 27 万，阅读量也高达 1.1 亿。我们知道，“头条新闻”是新浪新闻中心 24 小时播报覆盖全国乃至全球重大新闻消息的官方媒体账号，其拥有的粉丝群体足够优质并且达到了一定的数量级，其持续的跟踪报道保证在事件发生的早期每 3～5 分钟就会发布一次，确保将事件的最新动态呈现给大众。这样一来，“头条新闻”不仅保持着官方媒体的敏感度、权威性和可信性，还将天津港爆炸这一舆论事件即时、真实地传递给网友。

一些学者在天津港爆炸事件发生的基础上，结合网络自媒体平台对此次事件的传播，利用北京大学 PKUVIS 微博可视分析工具探索此次事件的传播路径。许媛（2016）选取了新浪微博“头条新闻”有关天津港爆炸事件的 244 条原创微博，除去了涉及敏感词汇、转发情况被屏蔽的28条微博，进行转发量的分析。廖卫民将某一突发事件的传播分成舆论涟漪、舆论水花、舆论涌浪、舆论内波、舆论水漂、舆论海啸等形式。在此次事件中，我们可以具体了解舆论涟漪、舆论水花、舆论涌浪、舆论水漂的具体舆论传播形式。

①“舆论涟漪”式。

根据事件的传播路径绘制传播路径图，图中的节点大小代表该节点的粉丝数量，传播路径好像“涟漪”。不管总转发量是百位级还是千位级，涟漪状传播都是普遍存在的，并且直接转发量集中在百位级别或一两千左右的微博更容易呈现涟漪状的传播路径。

②“舆论水花”式。

舆论中心的传播向四周辐射，形成许多次级舆论中心，但次级舆论中心的影响范围明显小于主舆论中心，有的甚至可以忽略不计。这种传播方式我们称为由舆论“涟漪”带动的“水花”传播方式，在关于天津港爆炸事件的微博中，有90条微博呈现了这种传播方式，其中89条微博的一级舆论中心是“头条新闻”。之所以将这种传播方式称为“水花”式，就是因为一级舆论中心传播的同时，形成了较多次级舆论中心，就好像“涟漪”泛起的“水花”，但这些“水花”的数量虽多，影响却较小。

③“舆论涌浪”式。

在此次天津港爆炸事件中，存在一类网络消息，其舆论中心波及范围广泛，传播路径复杂，涉及的转发数量十分庞大，其次级舆论中心非常容易形成中等集群，同时会引发小集群舆论传播。我们称这种舆论传播方式为“舆论浪涌”式。

以“舆论涌浪”形式传播的微博多发表于突发事件发生的早期，这类微博的内容、主题往往具有一定的震撼性，用户可讨论的点较多，并且以一级舆论中心位为基础形成的具有一定规模的二级或者三级舆论中心的数量较多，具有一定的即时性。

④“舆论水漂”式。

“舆论水漂”式传播可以定义为一种“一级舆论中心形成的次级舆论中心数量少且相对集中，并且次级舆论中心的波及范围类似于一级舆论中心，消息传播的路径类似于打水漂时激起的大小相仿的水花”的一种舆论传播形式。当某一用户节点发出的微博消息被另一影响力较高（我们可以称其为强势节点）的节点用户转发后，就可以形成新的舆论热潮。例如，微博用户“头条新闻”发布的消息经过明星用户的转发之后收获了更广泛的关注，获得了更大范围内的传播。在这种传播模式下，“头条新闻”所发布的微博以及包括其转发自己微博并补充即时消息的微博中，有50%是由普通大众网友转发、扩散的，其余50%是由强势节点（热门明星）转发的。在这样的传播扩散模式下，关于天津港爆炸事件的舆论消息就得以以“舆论水漂”的形式扩散开来。

关于天津港爆炸事件的微博的舆情传播方式不同，是因为其包含的消息内容不同，导致传播路径有所差别。因此，可以对微博内容进行具体分析，发现这种差别，从而对舆情监管提供建议。

①以“舆论涟漪”方式传播的微博。

统计以“舆论涟漪”方式传播的微博的发布时间，可以看出在事件发生的一周之内是比较容易呈现“涟漪状”的微博传播路径的，而这些微博的消息内容又大部分集中在事件进展、消息通告以及官方回应、现场描述等方面。

②以“舆论水花”方式传播的微博。

统计以“舆论水花”方式传播的微博数量，可以看出以“涟漪带动水花”形式的微博主要集中在8月13日发表，这种类型的微博内容就主要集中在爆炸现场的图片发布、事故的细节披露以及与民生相关的一些消息上。

③以“舆论涌浪”形式传播的微博。

以“舆论涌浪”形式传播的微博数量并不多，其中绝大多数是以“头条新闻”作为一级舆论中心，其余是以某些娱乐明星作为一级舆论中心。而二级舆论中心则主要集中在官方媒体和公众人物节点上。

④以“舆论水漂”形式传播的微博。

在天津港爆炸事件中呈现“舆论水漂”形式传播的微博同样不多，但是我们发现，一级舆论节点除了占比较大的“头条新闻”，明星用户的影响力是不可忽视的，可以看出明星节点在这种类型的传播中的重要价值，充分展现了公众人物的号召力和影响力，也得到了网友的巨大反响。因此，我们可以判断，在突发事件中明星节点的快速传播力一旦得到善用，便可发挥巨大潜力。

在天津港爆炸事件这一案例中，我们从有关这一突发事件的微博的动态传播路径可以看出，部分消息在传播过程中就只是单纯扩散，并不能引起或者只引起小范围的网络舆论集群，这样一来，我们就需要在舆情监管时特别关注那些能够引发网络舆论的以“舆论涌浪”和“舆论水漂”形式传播的关键节点。同时，我们还应该关注网络舆情传播的关键、强势节点（此案例中指明星节点），这些节点属于核心节点，其粉丝量巨大，其发布的微博可以在很短的时间内得到粉丝的快速转发、评论，从而形成舆论的中心，使得事件内容得到广泛关注，也正因为如此，明星节点的舆论压力重大，必须肩负一定的社会责任，注意自身的网络用词，保持对事件的理性判断，传递正能量信息。

Knowledge
Graph

第 4 章　社会网络中用户行为和影响力的动态度量

在社会网络中，开放边界的环境中的用户生成内容相互依赖又互相竞争，关系复杂却又平稳地联系着，彼此间的互动按照某种关系或属性聚集形成相对稳定的体系结构，具有演化性、复杂性、适应性、分散控制和变粒度等特征。本章从演化微过程、内容质量、用户感受等角度提取不同特征指标，建立面向各用户微过程演化的用户生成内容社会网络多维度自适应度量体系及其评估方法，从而实时感知社会网络的当前状态，保障社会网络的良性发展。

本章从内容网络整体状态演化趋势的宏结构角度、内容网络内部相互作用机制的微结构角度，以及内容网络边界影响因素的侧结构角度（如外部政策、资金及周边等其他内容社会网络等）提出相应的微过程演化模型，并建立知识图谱表示，实现对演化趋势的精准预测。我们根据不同演化阶段的特征及出现的问题采取自调控最优策略。我们根据用户模型、激励策略、竞争机制、能力水平、优先级等不同调控策略和方法，提出了一系列智能执行的调控准则。同时，基于大数据智能合约等技术建立精准的自调控模型。

4.1　用户生成内容的评估

利用用户评价用户生成、历史评价用户生成以及用户生成加团队评价的方法，可以解决用户生成度量问题。针对用户生成内容过程，通过自然语言处理并结合时间序列分析的方法，可以建立自适应的用户生成网络内容指标体系和微过程评价模型。针对用户生成内容质量，通过统计方法对用户生成内容的需求和设计进行用户生成度量，采用协变矩阵及主成分分析方法建立自主线性加权综合度量模型，根据不同微过程动态评估指标结合内容历史相应状况，建立内容质量智能度量模型。通过基于向量空间模型（vector space model，VSM）的文本聚类技术及自然语言处理方法获取用户评价结果，实时、自主地对用户生成内容质量进行动态度量和监测。针对不同用户，通过基于词语贡献的特征矩阵及自然语言处理技术智能化评估有关该内容开发所需的核心能力，建立用户参与时体现出的能力智能度量模型，构建基于用户的能力发现网络。通过衰减的随机游走算法得出共现轨迹集合，构建基于用户关键路径的领袖节点模型。此外，在用户评价用户生成过程中，为了解决用户生成评价也有可能出错的问题，利用用户生成加团队评价的方法解决。将关于各个微过程中的用户生成度量结果提交给系统服务团队，对其结果做出最终的评价。

用户内容的效率、质量和成本是用户生成网络内容的三个重要组成部分。传统管理模型多从这三个角度分别建立指标体系以评价不同内容生成过程。针对网络演化过程复杂、边界模糊、变化快等特点，用户生成网络内容系统可以采用自然语言处理分析社会网络图谱中不同用户对不同用户生成内容过程的评价，通过时间序列分析，建立自适应的用户生成网络内容微过程评价模型。该自适应模型进一步可分为两个不同的子模型，即微过程自适应指标体系模型和微过程评价模型。

4.2 用户生成内容的度量

1. 用户生成内容的微过程度量

微过程自适应指标体系模型是考虑社会网络内部有多种不同的微过程，模型分别收集用户不同类型的微过程的评价，而后可以借鉴主题模型建立随时间演变的微过程自适应指标体系模型。采用滑动时间窗把微过程评价划分到时间片内，时间片内的微过程评价数根据其评价指标体系和评价词汇分布的不同而不同，且允许不同时间片内存在相同的评价文本，组成文本时间片集；而后借鉴主题模型建立时间序列微过程自适应评价体系模型。具体地，在某时间片 t 内，假设类型 i 的微过程 P^i 的所有评价为 C^i。我们结合内容领域知识库，采用自然语言处理的技术手段，对 C^i 进行关键词提取，形成关键词集合 W^i。最终，建立 P 和 W 的映射矩阵。而后，借鉴主题模型，对 P-W 矩阵进行分解，形成

$P\text{-}M$ 和 $M\text{-}W$ 矩阵，其中 $P\text{-}M$ 矩阵为不同微过程的自适应评价指标，$P\text{-}M$ 矩阵的第 i 行第 j 列的值 $P\text{-}M_{ij}$ 为评价标准 M_j 在评价微过程 P_i 的权重，$M\text{-}W$ 矩阵的第 i 行第 j 列的值 $M\text{-}W_{ij}$ 为词 W_j 在评价指标 M_i 的权重。

对于微过程评价模型，假设类型为 i 的微过程 P_{ij} 有 m 个用户 E 对其进行了评价，形成评价集合 C，第 j 个用户的评价内容为 C_j。我们采用情感分析技术，根据 C_j 分析用户 j 在其评价标准 $P\text{-}M_i$ 的情感倾向值 E_{ji}，考虑 C_j 的信誉度 r_j，综合形成微过程 P_{ij} 的评价，即 P_{ij} 在评价标准 $P\text{-}M_{ik}$ 上的评价值为 $\sum_{j\in E} r_j E_i^j$。

2. 用户内容质量的度量

用户生成的度量是指在内容需求、设计初始阶段，我们通过增强 Delphi 法匿名、轮番征询专家意见 E，同时在社区论坛或专业论坛中发布需求及设计方案，定时收集网络评论意见 W 的方式，结合专家评审意见及论坛中的评论，汇总出一种用户生成经验评论 C，得到内容需求、设计方案的用户生成度量的结果。在实际执行过程中，将内容需求、设计方案向多个专家进行多轮征询（征询时将上一次征询汇总结果，包括论坛讨论结果，也一并返给专家）。同时，将专家意见汇总并及时在网络论坛中公布，形成论坛不断讨论的趋势。由此，经过多轮征询和汇总，得出最终用户生成度量的结果。

（1）用户生成内容质量自主指标体系及度量模型。

在用户生成内容质量的度量过程中，我们结合内容演化流程跟踪机制以及构建的知识图谱，通过对内容运行状态、用户使用状况、任务完成效率以及用户信誉、任务完成等方面的实时分析，对各个演化微过程不断提取多个动态、反应、传播、问题等指标。然后，通过协变量矩阵及主成分分析方法对提取的指标进行分析，获取当前演化过程中的有效指标，并结合专家评价法、运筹学等方法，为用户生成内容建立自适应度量两级指标体系。该指标体系是一个动态变化的度量体系，不同演化过程的指标具有一定的差别。然后，我们可以采用自主线性加权综合度量方法建立用户生成内容度量模型，该度量模型的度量过程是一种动态度量过程，随着用户生成内容演化微过程的不同而改变。

（2）基于用户使用及评价的度量模型。

在用户生成内容的使用过程中，我们对用户的参与及评价内容进行度量，进而间接得到用户生成内容质量的度量结果。不同用户在参与生成内容的过程中，具有不同的参与状况（可能参与一次就不再参与，也可能不断或定期参与）。在对用户参与状况的度量中，我们从用户参与的行为和态度两个角度进行度量。

内容度量是指为了满足管理的需要，改进内容过程以及进行跟踪和评估，依据用户生成化思路对用户生成内容进行的度量。我们对用户生成内容的需求和设计进行用户生成度量，并针对用户生成内容系统，建立度量指标体系和度量模型。

3. 用户生成内容质量度量指标体系及度量模型

在用户生成内容质量的度量过程中，我们根据内容实际运行情况，通过对内容运行状态、用户使用状况、任务完成效率等方面进行监测，结合知识图谱对演化微过程不断提取多个指标，然后通过主成分分析方法对提取的指标进行分析，获取当前演化过程中的有效指标，并结合专家评价法、运筹学等方法，为用户生成内容建立自适应度量两级指标体系，不同演化过程的指标具有一定的差别。然后，我们可以采用线性加权综合度量法建立度量模型。该度量体系是动态的，随着用户生成内容演化微过程的不同而改变。

在实际度量中，具体计算过程为，假设有 m 个一级度量指标，每个一级度量指标下有 n 个二级度量指标。度量过程分两个步骤：

①通过二级指标度量结果分别对 m 个一级度量指标进行度量。计算公式为：

$$\mathrm{MQ}_i = \sum_{j=1}^{n} (w_{ij} \times M_{ij})$$

式中，MQ_i 表示第 i 个一级指标的度量结果；w_{ij} 表示第 i 个一级指标的第 j 个二级指标的权重；M_{ij} 表示第 i 个一级指标的第 j 个二级指标的综合结果。

②通过 m 个一级指标度量结果进行总度量，即综合度量。计算公式为：

$$\mathrm{SMQ} = \sum_{i=1}^{m} (w_i \times \mathrm{MQ}_i)$$

式中，SMQ 表示综合度量结果，w_i 表示第 i 个一级指标的权重。其中，权重的确定是否合理直接影响到度量的科学性。根据某一指标在用户生成内容整体度量中的相对重要程度，对度量指标分配不同的权重。与一组度量指标相对应的权重便组成了用户生成内容度量权重体系。确定权重的方法有很多，如主观赋权法、客观赋权法、主客观综合集成赋权法三大类。对于权重体系可以根据专家排序法并结合系统管理者的经验来确定。初始时，先将式子中的权重暂设为均值，再根据实际情况进行调整。

4. 基于用户生成内容的用户使用及评价的度量

在用户生成内容的使用过程中，我们针对用户的参与及评价内容进行度量，进而间接得到用户生成内容的度量结果。不同用户在参与内容的过程中，具有不同的参与状况（可能参与一次就不再参与，也可能不断或定期参与）。在对用户参与状况的度量中，我们从用户参与的行为和态度两个角度进行度量。从用户行为角度来讲，比较典型的是用户重复参与内容次数、平均参与时长、发表评论数目等。从用户态度角度来讲，比较典型的是用户正/负面评论比例、推荐意向等。我们将用户参与情况表示为 $U=\{P_n, D_{ac}, I_{ac}, C_{pn}, C_{nn}, R_{nc}\}$，其中，$P_n$ 为重复参与内容次数，D_{ac} 为平均参与时长，I_{ac} 为平均参与间隔，C_{pn} 为正面评论次数，C_{nn} 为负面评论次数，R_{nc} 为具有推荐意向的评论数。然后，对这些用户生成内容的用户参与情况进行汇总和分析，由此通过对用户参与情况的刻画，建立用户参与度度量模型，从而通过对内容及用户参与情况的度量，得出用户生成内容参与情况。在对用户评价内容的度量中，我们通过向量空间模型 VSM 进行用户评论文本的聚类，不断提取用户针对内容参与结果或情况的评价数据，通过自然语言处理方法和主成分分析法对这些评价进行实时分析，随时获取用户评价结果，实时、自主地对用户生成内容进行动态度量和监测。

4.3　用户生成内容的度量模型

社会网络中的用户是用户生成内容度量的重要对象之一，主要模型包括：

基于内容说明文档的用户参与时体现出的能力标签智能度量模型、基于用户生成的各种能力表现的能力相似性度量模型、基于开发社区交互的能力超群用户节点度量模型。

（1）基于内容说明文档的用户参与时体现出的能力标签智能度量模型。

内容说明文档是内容开发过程中的必备要素之一，如何基于自然语言描述，提取与网络生成内容开发项目相关的能力标签是我们研究的问题。我们基于自然语言处理技术，以输入的内容说明文档为研究对象，智能化评估有关该内容开发所需的核心能力，并提取有效的能力标签，建立基于内容说明文档的用户参与时体现出的能力标签智能度量模型。例如，假设对于说明文档集合 $D_c=\{d_i\}$，模型首先学习基于文档设计词语的向量化表达，由此得到说明文档的词语贡献特征矩阵 W，其中矩阵的每一行对应一个词语 i 的共现特征向量 v_i；然后基于基准标签，利用部分人工标注的方法得到标签文档的训练集合；接着构建相应的分类器对模型进行训练，得到标签预测度量的基础模型；最后通过结合无监督的新标签发现算法，得到未知的用户能力标签。

（2）基于用户生成的各种能力表现的能力相似性度量模型。

不同用户在内容开发过程中所擅长的能力既有相似性，也有差异性。在满足内容开发需求的前提下，如果用户能力的相似性过高，则容易降低内容的开发效率。因此，应该设计有效的度量模型衡量用户之间能力的相似性。我们以用户能力共现算法为基础，以用户能力列表作为输入，输出不同用户之间的能力相似度矩阵。我们将每个参与的开发者看成网络中的一个节点，如果用户之间存在相同的共现能力，则赋予这两个用户之间一条边 $e=<n_2, n_2>$，由此可以构建基于用户的能力共现网络。然后通过基于衰减的随机游走算法，构建若干用户共现轨迹集合 $\{n_x\rightarrow n_y\rightarrow\cdots\rightarrow n_i\}$，将轨迹集合作为用户向量化特征模型的输入，即可得到用户的共现特征向量。通过在大规模的用户特征向量集合中构建相关的相似性评估模型，即可高效地度量用户能力之间的相似性。

（3）基于开发社区交互的能力超群用户节点度量模型。

在内容的开发过程中，难免会遇到有关某项能力的难点问题，在开发社区中如何有效挖掘关于该难点问题的核心用户（即能力超群用户）是核心问题。我们将结合大规模复杂网络的分析技术，利用网络节点中的关键路径与关键节点分析方法，智能化度量开发社区中不同能力的关键领袖节点。在前面的基础上，融合用户的能力标签、用户的能力相似性度量算法，构建基于用户关键路径的领袖节点模型。

此外，考虑到所讨论的用户生成网络图谱内容数据信息较少，可以采用迁移学习和生成对抗学习等机器学习方法建立多任务学习机制，将现有自组织学习、用户生成和异质网络等领域的知识迁移到该领域。同时，针对用户生成所特有的思考和迭代过程，利用大数据、自然语言处理以及机器学习等方法，分析各用户的反思过程与迭代质量。由此，为建立自适应度量体系、评估方法及信誉评价机制提供帮助和支持。

4.4　用户影响力度量研究

从社会网络结构角度，用户影响力可以最大化。影响力传播通常有线性阈值模型和独立级联模型两种。常见的几个节点重要性度量包括：度（degree）、PageRank、K-shell 和共同影响力（collective influence，CI），其中 $\mathrm{CI}=(k_i-1)\sum_{j\in\partial \mathrm{Ball}(i,l)}(k_j-1)$，$\partial\,\mathrm{Ball}(i,l)$ 为由以 i 为中心的影响球边界定义的尺寸 l（半径）的影响范围（见图 4-1）。

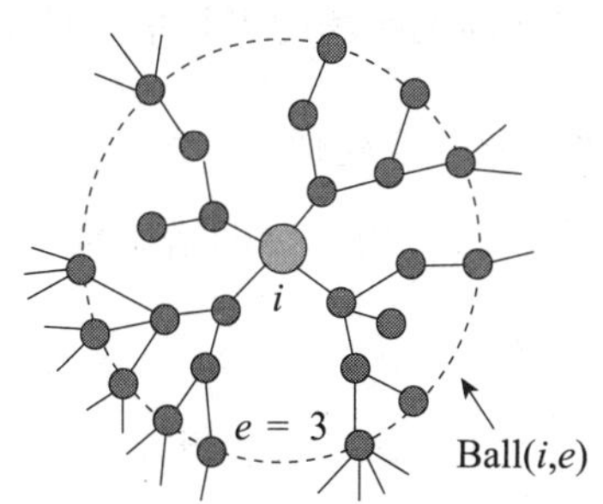

图 4-1　用户影响力

假设社会网络用户的社会水平或能力能够在社会网络图谱结构中表现出来，用户的网络位置与社会状况相关。我们以社会影响力（social influence，SI），作为用户社会水平或能力大小的衡量标准，用户社会影响力越大，说明用户社会能力越大、在网络中的地位越重要。

下面给出两种度量方法。

1. 基于度的度量方法

一个节点 i 连接到的节点越大，即该节点度 k_i 越大，我们近似认为该节点潜在的社会影响力越大，我们令 $p_i=1/k_i$，表示节点 i 的度的倒数。通过公式 $-(1-p_i)\log_2 p_i$ 度量该节点 i 自身潜在的社会影响力。同时，我们以 $\mathrm{Ball}(i,l)$ 表示以节点 i 为中心、大小为 l（半径）的范围内的点的集合（不包括节点 i 本身），$n=|\mathrm{Ball}(i,l)|$，表示该集合中的节点个数。$p_j=1/k_j$（k_j 表示节点 j 的度，$j\in\mathrm{Ball}(i,l)$）。

那么节点 i 的社会影响力表示为

$$\mathrm{SI}(i)=-\frac{\alpha}{n}\sum_{j\in\mathrm{Ball}(i,l)}(1-p_j)\log_2 p_j-\beta(1-p_i)\log_2 p_i\quad(\alpha+\beta=1)$$

（分别对 α、β 的不同取值对用户社会影响力的衡量进行分析，寻求影响用户社会影响力中自身与外部因素的最佳组合。）

以往研究表明，节点在网络组织中的位置决定了其重要性或传播影响，而不是其本身属性（如度）。

我们可以进一步考虑用户位置的重要性。在社会网络中，网络的平均路径长度 L 被定义为任意两节点之间的距离的平均值，即 $L=\frac{2}{N(N+1)}\sum_{i\geqslant j}d_{ij}$，我们令去掉该节点 i 前后的平均路径变化值表示为 $\delta=|\Delta L|$，δ 值可从平均路径长度的变化大小的角度反映该节点或用户在网络结构中位置的重要性，由此，我们重新定义用户社会影响力为

$$\mathrm{SI}(i)=-\left[\frac{\alpha}{n}\sum_{j\in\mathrm{Ball}(i,l)}(1-p_j)\log_2 p_j+\beta(1-p_i)\log_2 p_i\right]*\delta\;(\alpha+\beta=1)$$

事实上，在社会网络中 δ 的计算复杂度是比较高的，导致用户社会影响力的计算复杂度变高，尤其在大规模社会网络数据中，计算量过高。因此，它适用于小规模网络。

由此，针对 δ 值的计算，我们可通过 $\mathrm{Ball}(i,l)$ 集合中的点组成的网络中平均路径的变化值来计算，利用半径 l 的大小控制计算量，由此可以大大减少计

算量。

$$L=\frac{2}{N(N+1)}\sum_{i\geqslant j}d_{ij}(i,\ j\in \mathrm{Ball}(i,l)),\ \delta=|\Delta L|$$

该计算方法存在的问题是得到的 δ 值不是全局的值，而是一种局部位置重要性的值。

2. 综合环境度量方法

我们综合考虑节点自身因素、外界因素以及所处网络位置的重要性。

我们令 $p_i=\mathrm{e}^{-\delta k_i}$（$\delta$ 系数表示节点 k 和 p_i 之间的关系，由节点和整个网络平均路径决定），则用户社会影响力可定义为：

$$\mathrm{SI}(i)=-\frac{\alpha}{n}\sum_{j\in \mathrm{Ball}(i,l)}(1-p_j)\log_2 p_j-\beta(1-p_i)\log_2 p_i\ (\alpha+\beta=1)$$

同样，为减少计算复杂度，式中 δ 值可通过 $\mathrm{Ball}(i,l)$ 集合中的点组成的网络中平均路径变化值来计算。

由此，能够将节点的位置重要性考虑进去以便进行用户社会影响力的度量。

上面的两种度量方法可应用于从网络结构角度发现社会网络用户中的影响者、领导者、专家等角色，以及应用于基于网络结构的社会用户的识别。

当然，度量方法仅仅从网络结构的角度进行考虑，其实用户社会影响力是与用户生成内容以及内容的传播过程紧密相关的。一个用户社会影响力的大小应综合考虑其网络结构、社会内容、产出情况以及受欢迎程度等。

4.5　用户生成内容的演化

用户生成内容社会网络内含子内容系统、成员、技术等基本元素（微结构），外受社会、政策、资金、激励机制等的影响（侧结构）。从全过程的角度看，不同子系统有不同的生命周期，子系统的形成和演化促使了社会网络图谱的形成和演化（宏结构）。我们可以将内容社会网络的演化视为“激励—响应—迭代”的过程，以某项演化需求作为激励，以系统相应子系统的演化为响应，同时子系统的演化可能再次引起新的演化需求，导致激励和响应在内容系统中反复发生和传播。在实际的演化过程中，传播过程和新的演化需求往往交织在一起同步发生，带来了分析的难度。我们将微过程定位为内容社会网络演化过程中的基本过程。不同类型、不同子系统的微过程相互组合，能够完整地描述系统的演化过程。

由于用户生成内容社会网络具有时空特性和不确定性，因此可以借鉴混杂 Petri 网并结合深度 LSTM 模型，充分考虑微结构、宏结构和侧结构的特征，并构建社会网络用户生成内容知识图谱；在此基础上，结合上述度量指标体系和评估方法的结果，讨论用户生成内容社会网络形成和演化的微过程模型，包括社会网络数学表达模型、微结构演化微过程模型、宏结构演化微过程模型和侧结构演化微过程模型。

社会网络数学表达模型是指，对社会网络的微过程演化行为进行规范化描述，形成统一的社会网络数学表达模型，刻画社会网络内外部用户及其之间的行为关系，包括任务优先级、任务先后顺序、任务时长、用户能力、个体能力、技术、资金等，为后续微过程模型及调控机制奠定基础。

微结构演化微过程模型是根据建立的社会网络数学表达模型及自然语言模型，描述社会网络内部用户（各级子系统、用户、组织、技术等）的行为模型。考虑当前过程内部状态变化、新功能需求、质量优化、故障修复及所受的外部其他成员条件的制约和外部环境对各用户的影响，建立微结构演化微过程模型。

宏结构演化微过程模型结合度量体系中不同度量结果以及所建立的社会网络数学表达模型和自然语言模型，描述社会网络图谱内部用户的整体行为模型及社会网络内部的状态变化。在考虑受外部环境的制约和影响，以及子系统互相演化影响和不同迭代传播模式的情况下，建立宏结构演化微过程模型。

侧结构演化微过程模型可以根据时间、技术等约束找出被外界环境影响的内部元素及其影响。通过对外部环境的实时监控，借鉴迁移算法并采用所建立的社会网络数学表达模型及自然语言模型，分析社会网络在运行过程中与外界环境的耦合关系，建立侧结构演化微过程模型。

通过参与不同微过程模型并结合用户生成内容知识图谱对用户生成内容社会网络的演化进行细粒度描述，构建演化联系，形成完整的演化过程描述和模型，并揭示背后的演化逻辑。

4.6　基于用户生成内容的精准调控

用户生成内容社会网络的精准调控是其良性演化的保障。人是社会网络中的主动性因素，我们在用户能力评估的基础上，借助用户模型、合作竞争模型和任务优先级模型，通过模块协调和模块重组，调控社会网络向良性、有序方向发展。调控措施包括如下方面：

①通过用户行为分析等手段，建立用户活跃度评估模型；在用户微过程模型的基础上，建立个性化用户活跃度模型和激励措施模型，提升内容开发质量和效率，提升社会网络稳健性。

②用户生成内容社会网络的演化是诸多用户共同贡献的综合结果。为了更好地激励用户推动演化过程，需要对用户进行评价，优胜劣汰。我们基于内容的多维度度量结果，通过综合用户、内容演化、内容多维度度量结果三个方面的信息，度量参与的每个人或团队对于系统演进的贡献能力，进而形成用户评价结果。

③通过用户关系网络，结合用户—技术、用户—任务网络，建立用户之间的竞争合作关系模型，为模块协调、模块重组建立基础。同时，建立任务关联网络，结合任务时长、任务难度，构建任务优先级模型。

④基于用户能力、用户竞合关系和任务优先级模型，合理优化用户—任务关系，重组任务—任务组合，促进社会网络高效、良性和有序发展。

⑤构建基于智能合约的大数据精准自调控模型，能够提升调控的效率与准确率，减少调控成本，完全杜绝第三方对调控的修改或者干扰。具体包括：创建基于自然语言处理的合约自适应填充工具，构建基于大数据的调控合约模板，讨论并实现安全稳定的智能合约执行虚拟机。

针对用户生成内容社会网络演化过程复杂、边界模糊、变化快的特点，可以从多个结构层面建立过程演化模型和全景态势时空模型，并构建生成内容知识图谱。通过一系列数学、自然语言与深度学习模型，如块模型、概率模型、主题模型、LSTM 模型、GAN 模型等，建立用户生成内容演化模型的基本描述方法和多结构演化模型。借鉴混杂 Petri 网并结合深度 LSTM 模型，从内容网络整体状态演化趋势的宏结构角度、内容网络内部相互作用机制的微结构角度，以及内容网络边界影响因素的侧结构角度提出相应的微过程演化模型，实现对演化趋势的精准预测。

此外，在内容社会网络演化过程中，如何根据不同演化阶段的特征及出现的问题采取自调控最优策略？可以根据用户模型、激励策略、竞争机制、能力水平、优先级等不同调控策略和方法，提出一系列智能执行的调控准则。用户生成内容社会网络在开放边界的环境中相互依赖又互相竞争，彼此间的互动按照某种关系、规则或属性聚集形成相对稳定的体系结构，形成了演化性、复杂性、适应性、分散控制、变粒度等特征。为了满足管理的需要，可以改进内容过程，以及实现用户生成内容的过程演化、过程跟踪和评估。

Knowledge
Graph

第 5 章　社会网络舆情知识图谱研究的基本态势

5.1 社会网络舆情知识图谱研究概述

林玲和陈福集（2017）指出，国内对网络舆情研究领域的关注开始稳定，此时对以往的研究热点进行总结将十分必要。因此，本章首先聚焦于各学者对已有网络舆情研究文献的计量分析成果，以总览的视角挖掘和分析出社会舆情研究的基本态势、热点主题及前沿趋势，发掘新热点和突破口，为我国相关领域的研究提供更为丰富的资料，推动我国舆情研究领域的进一步深入研究。

随着互联网技术的发展和信息时代的到来，舆情监控变得越来越热，许多企业、品牌越来越注重有关自己的舆论热点话题的走向是否正确、积极。如何及时获取与自身企业产品相关的各种正面、负面消息，并从中分析出里面的热点话题，是指导市场和相关部门做正确处理的关键。最新的知识图谱等人工智能技术是否可以帮助进行舆情监控，值得人们思考。若知识图谱可以帮助进行社会网络舆情分析，如何帮助？使用哪些方法和技术？这一章节我们将仔细介绍。①

5.2 基于知识图谱的国内外舆情研究现状

王国华和石国良等人使用外文数据库 Web of Science，获取了标题为“public（opinion OR event）”、发表时间为 2009 年至 2018 年的文献数据。之后使用 CiteSpace 软件对数据进行分析和解释。研究发现，舆情论文发文量增长明显，其中美、中两国为舆情研究的主要国家；除 2010 年外每年均会产出 1～2 篇领域

① 部分资料来源于 https：//www. sohu. com/a/228541094 _ 100111898。

中的高被引论文，这在一定程度上说明了近十年国外舆情研究一直高质量地持续发展；国外舆情研究的机构众多且合作较为密切，较少的研究机构进行独立研究；特殊专题舆情研究（政治问题、医药健康等）、舆情理论与传播（舆情的诱发、干预等）、研究方法创新应用（超边缘算法、新型网络舆情预警系统构建）是研究的三大热点；通过对突变词的分析发现，聚焦国际时政、注重网络媒介和强调大数据分析是未来的研究趋势。王晰巍和邢云菲等（2017）研究了基于社交媒体环境下的网络舆情国外相关文献，总结出社交媒体环境下的网络舆情用户行为、不同社交媒体的舆情传播、社交媒体网络舆情传播模型和社交媒体网络舆情信息传播特征等研究热点。

近年来，网络已经成为社会信息交流传播的大众平台，网络作为“第四媒体”具有传播快、实时性强、信息量丰富、交互性良好等特点，显著促进了网络舆情的产生和发展（苏楠和张璇等，2018）。随着网络舆情影响范围的愈加广泛和影响力的明显提升，我国学术界对其的关注和研究也逐渐增多。

林玲和陈福集（2017）指出，2008 年之后关于网络舆情的研究论文的数量陡然成倍增长，是国内网络舆情研究热潮的起爆点。直到 2015 年后发文量的增长才开始有所减缓，2015 年后网络舆情的论文数量停止增长；刘思彤（2019）指出，我国民族地区舆情研究真正进入快速增长阶段始于 2010 年前后，在此之后发文量持续增长至 2015 年，其后发文量的增长又再次趋于缓慢。由林玲和陈福集（2017）以及刘思彤（2019）的研究可以发现，2015 年是舆情研究较为关键的转折点，此后的舆情研究论文增长缓慢。

当前以网络舆情为主题的研究主要采取以定量分析为主、辅以定性分析的研究方法（林玲和陈福集，2017）。在定量分析方法上，国内学者多选用文献计量、知识图谱可视化的方法研究网络舆情的相关文献（黄微和张晓君，2016；苏楠和张璇等，2018；孙宁和陈雅，2014；陈叶叶和周通，2016；等等）。CiteSpace 作为分析和可视共引网络的 java 程序，在帮助分析知识领域中的新趋势方面起到了重要作用，因此得到了广泛使用（黄微和张晓君，2016；苏楠和张璇等，2018；孙宁和陈雅，2014；陈叶叶和周通，2016；林玲和陈福集，2017；等等），有的学者还会使用社会网络分析软件 Ucinet 绘制知识图谱（苏楠和张璇等，2018）。研究样本包括全球最大的中文知识门户网站中国知网（CNKI）数据库（黄微和张晓君，2016；苏楠和张璇等，2018；等等）、南京大学中文社会科学引文索引（CSSCI）数据库（林玲和陈福集，2017；孙宁和陈雅，2014）。

网络舆情研究具有跨学科的特点，论文发表期刊所属学科包括新闻传播学、政治学、情报学、法学、社会学、管理学、计算机等，现有研究说明新闻传播学、情报学是成果发表的主要载体（黄微和张晓君，2016；孙宁和陈雅，2014）。我国的研究机构较为分散，尚未形成稳定的高产研究机构群（黄微和张晓君，2016）；苏楠和张璇等（2018）也指出不同学术机构合作研究的情况较少，不利于深度研究的开展，值得关注的是，刘思彤（2019）在研究民族地区舆情时，也有研究机构之间合作较少的结论；林玲和陈福集（2017）的研究表明机构之间的少量合作呈现出明显的地域性，这与汤景泰（2015）的研究结论相似。

张宝生和祁晓婷（2017）对网络舆情的研究阶段进行了分析。他们发现，通过突变词探测将网络舆情划分为 3 条发展轨迹：2003—2009 年的初始期，我国学者开始关注网络舆情并研究其在互联网上的传播过程，这一时期的主要话题在于网络舆情、网上舆论、舆情分析、扩散模式、网络信息传播等；2010—2013 年的快速发展时期，政府应对突发性公共事件的对策探究得到了更多关注和研究；2014—2016 年的成熟稳定期，学者开始重视食品安全网络舆情，模型和计算机技术在传播模式的研究中使用较多。

关于研究热点的讨论，网络舆情和政府治理与引导（黄微和张晓君，2016；孙宁和陈雅，2014）、网络舆情预警机制研究（苏楠和张璇等，2018；孙宁和陈雅，2014；王晰巍和邢云菲等，2017）、网络舆情与高校政治教育影响（苏楠和张璇等，2018；孙宁和陈雅，2014；刘思彤，2019）、网络舆情基础理论研究（苏楠和张璇等，2018；张思龙和王兰成等，2019）以及微博自媒体等新媒体环境下的网络舆情（黄微和张晓君，2016；刘思彤，2019；张思龙和王兰成等，2019）得到了多个研究的证实。除此之外，刘思彤（2019）聚焦于民族地区的舆情研究，所得到的研究热点还有民族舆情、民族关系、民族特点等直接与领域主题相关的热点，王晰巍和邢云菲等（2017）发现，在社交媒体环境下网络舆情演化规律、突发事件网络舆情也得到了较多的关注。

在研究前沿方面，网络舆情的生成机制及监管（传播模式、监控与监督、舆情治理等）得到了较多学者的认同（黄微和张晓君，2016；林玲和陈福集，2017；王晰巍和邢云菲等，2017），是值得关注的研究趋势。此外，网络舆情的大数据分析方法、舆情传播中的用户隐私问题（王晰巍和邢云菲等，2017）、网络反腐（黄微和张晓君，2016）、网络群体事件（苏楠和张璇等，2018）等也正成为研究前沿。

除此之外，有的学者对关键节点文献也进行了挖掘和分析。如孙宁和陈雅（2014）通过对被引文献的关键信息（年代、频次、中心度等）的可视化展示，发现了奠基性文献（以《基础舆论学》《公共领域的结构转型》《舆论学——舆论导向研究》等为代表）和关键节点文献（以《危机管理：转型期中国面临的挑战》《网络舆情研究概论》等为代表）。

5.3 国内外舆情研究对比和启示

国内外在舆情研究方面既有相似又存在差异，本章从几个主要方面进行总结和分析。首先，研究机构间的合作具有一定差异性。国外舆情研究中不同机构、不同学者联系紧密，较少机构进行独立研究，但是国内鲜有机构间的合作，仅有的合作显示出很强的地域性，这不利于我国舆情研究的深入发展。其次，研究热点的异同。舆情基础理论研究、舆情传播和舆情预警机制等是国内外共同聚焦的研究热点，而政府对舆情的治理和引导、舆情对高校学生的思想政治教育的影响等方面得到了我国学者更多的关注，医药健康、政治问题等专题舆情的研究则占到了国外研究的较大比例，这可能与研究开展时所基于的环境和背景有一定的联系。最后，网络媒介传播和舆情大数据分析方法是国内外学者较为认同的研究前沿，网络反腐在我国也有可能成为未来的研究趋势。值得关注的是，聚焦于不同的网络舆情时国内外舆情研究差异的相关结论可能会有所不同。如王晰巍和邢云菲等（2017）以社交媒体为背景研究网络舆情文献时，发现国内外学者所研究的关键词和研究方向的侧重点存在较大差异。除了社交媒体和网络舆情两个关键词，国外研究文献在此领域的研究侧重于对在线网络、用户参与度和情感的分析，国内研究文献则侧重于对意见领袖、自媒体和舆论场问题的分析。

通过对已有研究的回顾和总结，可以发现我国现有的舆情研究存在一定的局限性。为推动我国舆情研究更高质、快速地发展，未来的研究在开展时可从以下几个方面进行斟酌和考虑。首先，随着网络舆情的发酵速度显著提升、影响范围逐渐扩大，应更加注意推进和深化网络舆情治理、构建网络舆情预警体系，建立有中国特色的网络舆情治理研究理论体系和实践模型。在开展舆情治理和管控的研究中，应注意多学科交叉综合研究，从而实现网络舆情治理研究的整合发展；同时推进专题合作研究，以推动研究主题的多元化发展；并且关注理论论证和实证案例的研究，实现在网络舆情治理中实践与理论结合的融合发展与创新（陈叶叶和周通，2016)。其次，林玲和陈福集（2017）在研究中发现，我国舆情研究的研究成果存在重叠，跟风盲从的现象有所存在，较有深度的研究成果比例略少。另外，不少学者的研究指出我国研究机构的合作较少，不利于研究的深入开展。因此，科研投入在有所增加的同时，科研机构还应该改进科研的评价机制，提升科研人员研究的专注度。同时积极广泛地开展科研交流活动，不同省份之间也进行更多的合作和学习，建立持续稳定的良好合作环境，避免重复劳动，实现课题研究的纵深推进，提升研究的深入度。最后，定期对国内外舆情研究的文献进行回顾、总结和分析，使用知识图谱等工具了解研究热点、演进态势和研究前沿，对网络舆情研究有整体性把握，为进一步的研究提供参考和依据，同时可以在其中发现现有研究的局限之处，获得深入研究的灵感。

5.4　基于知识图谱的社会网络舆情研究实例

1. 舆情监控

舆论的大范围爆发会给各个行业带来意想不到的影响，这些影响可能是正面的，也可能是负面的。如何控制舆论的走向对于一个企业甚至一个行业的发展有着十分重要的作用。若舆论走向积极，就会帮助企业发展，吸引更多的客户和投资，带来正向收益；若舆论走向消极，就可能会引发消费者对企业的不信任，导致利润流失。因此，对舆情进行有效监控可以防止舆论走向不积极、不正确。以商业舆情监控为例，商业上的舆情监控主要就是对互联网上的信息进行爬取、分类、聚类，再进行主题检测或者专题聚焦，从而满足企业员工乃至客户的网络舆情监测和实时热点追踪等需求。为了更好地呈现这些信息，可能会形成简报、报告或者图标的形式，帮助企业客户掌握网上言论的导向，从而进行舆论引导，提供分析的依据。网络上的信息成千上万，并且还在时时刻刻更新换代，因此就需要及时地进行收集、存储，排除无用信息，留下有用的、有价值的信息。舆论中可能存在的一些负面信息，包括媒体的恶意披露甚至是网友的恶意抹黑、负面评价，这些一旦经过快速传播就会给企业带来致命的影响。因此，舆情监控对企业、品牌维持良好形象有着至关重要的作用。①

2. 知识图谱如何帮助进行舆情监控

知识图谱本身是一种极其高级的语义建模和计算方法，是一种语义网，可以对海量的语义目标进行定义、匹配和推理。在舆情监控的背景下，待分析监测的舆情目标以点的形式在知识图谱中存在，它们之间存在的关系就是知识图谱中的边。用知识图谱与舆论监控采集到的信息进行匹配，可以很直接明了地针对用户需求来进行分析，进行细粒度的语义理解。目前知识图谱在语义的表示上，已经可以从传统的关键词词袋模式上升到立体的语义网模式，用户关注的任何舆情目标都可以放到模型中来，并且基于知识图谱的知识推理是可以通过计算机自动发现的，这是由于大量的知识点和边（舆论目标及关系）已经被清晰地定义和表示。这样一来，知识图谱对舆情监控是有一定的正向意义的，用知识图谱来提高舆情监控的能力，可以看作是“小知识＋大数据＝大知识”的模式。

3. 应用实例

人民网、新华网等重要媒体通过网络平台发布热点新闻和报道，公众可以

① 部分资料来源于 https：//www.sohu.com/a/228541094_100111898。

通过不同平台获取实时信息、发布看法，这些看法具有难以忽视的价值。网络平台每天所产生的信息量非常庞大，类型也多种多样，但信息之间并不是相互孤立、毫无关系的，它们之间往往存在着千丝万缕的联系。通过传统的数据挖掘技术，难以发现这些隐藏在背后的关系。因此，能够实现从大量数据中挖掘信息、揭示信息之间的关联的知识图谱，在网络舆情分析中的地位愈加重要。

在大数据环境下，在数据、信息乃至知识不断发展的社会条件下，越来越多的人针对互联网上的消息以及社会问题发表自己的见解，这样一来就形成了网络舆论，舆论的聚集和流行就形成了网络舆情。这种以互联网为载体，以事件为传播主体，网民自由发表看法、表达观点和互动的集合，在社会上逐渐形成了较强的影响力。

知识图谱结合了多门学科的理论和方法，其中包括应用数学、图形学、信息可视化、信息科学等学科。它可以帮助我们将有价值、切实的、可参考的知识融合在一起并呈现出来，随着用户的搜索次数变多、搜索的范围变广泛，搜索引擎变得越来越智能，它可以为用户提供最全面的摘要，使搜索变得有深度、有广度，帮助用户找到最想要的信息，其实际应用在发达国家已经十分普遍。基于知识组织的舆情管理方式已经逐渐成为主流，知识图谱作为一种十分现代化并且有效的知识组织方式，在许多领域已经开始应用（娄国哲和王兰成，2019）。结合网络舆情具有的突发性、隐蔽性、随意性和多元化等特点，知识图谱若能应用于网络舆情可视化分析，必定能在帮助网络舆情传播的基础上找到其潜在的、向不良趋势发展的可能性，从而规范网络舆论，防止其被操纵，引导其向更加合法健康的方向发展。知识图谱不同于传统的语义网络，更关注实例而非概念，利用事件关键词、共现图谱等形式可视化网络舆情、热点话题，可以帮助网民发掘舆情内容，清晰再现舆情发展、传播路径。利用知识图谱技术可以将丰富的开放知识资源呈现给大众，例如百度百科、互动百科和中文维基百科就是三个非常强大的百科类知识库，十分全面，包括各个领域的内容，是构建各个领域知识图谱的优秀在线资源。构建一个基于知识图谱的突发事件网络舆情热点内容分析方法，可以在 Web 2.0 的社会环境下，对突发事件进行多角度、全方位、高精度的舆论监测。当前已经存在的网络舆情检测方法大致可分为两类：基于搜索日志的网络舆情监测方法和基于文本挖掘的网络舆情监测方法。网络舆情引导不仅需要本领域的知识，还需要了解政治、经济、社会、医疗等各个领域的知识。知识图谱技术具有的潜在的跨领域集成能力就可以帮助领域之间知识的互通。

随着技术的发展，现在的舆情分析已经不仅仅局限于通过共现关系来描述关键词项间的相互关联，为了集成准确的关键词并描述其中存在的多重关系，我们已经提出可以构建突发事件的网络舆情内容图谱。网络舆情知识图谱的构建流程主要包括模式层的构建和数据层的构建。结合网络舆情管理实践和专家的经验，网络舆情本体下设了对象和事件两个二级类，事件类主要为了规范各类舆情事件和舆情传播活动，对象类是为了规范描述事件相关的各个要素。而知识图谱数据层的构建主要包括各个类的实例以及它们之间的关系，使用知识图谱可以将网络舆情中事件在网络中的传输过程以及设计的媒体、人物等清晰地呈现出来。

近些年，利用网络舆情内容构建知识图谱的实例已经很常见，通过这些实例，我们就可以看出基于知识图谱的突发事件网络舆情监测方法是否可用。例如，首先基于当下比较火热的微博自媒体平台，抽取了2017年2月22日当天的微博数据流绘制知识图谱，提取了“杨振宁回国”“北京下雪”“宁泽涛被开除”“浙江传媒女寝失火”等事件，并搜集了关于这些事件的一些微博“大V”（包括人民日报、央视新闻等微博主流媒体）发布的内容。基于这些消息内容构建知识图谱可以在舆情爆发之前起到提前监测的作用，防止舆论传播造成不良影响。

以“宁泽涛被开除”事件为例，这一事件本身就是谣言，一经传出就会引起广大网民讨论，这肯定会对国家队有影响，因此必须在谣言盛行之前及时辟谣。在时间上看，基于知识图谱的网络舆情监测方法可以提前几个小时捕捉到相关事件的苗头，为政府提供治理渠道或者在事件发展初始阶段及时止损。因此，我们推测，基于知识图谱的网络舆情监测方法可以保证基本的监测发现速率以达到突发事件网络舆情监测的时效性。

至于“浙江传媒女寝失火”事件，该事件的发生具有一定的地域性。虽然其具有一定的地域性，但失火事件是典型的社会突发性事件，这一事件极易引起广泛的社会关注并激发大众评论，在当地造成极大的社会影响力。因此，及时捕捉这一类地区社会事件对城市安全管理和应急事件处理具有极其重大的意义，而基于知识图谱的网络舆情监测就可以帮助发现此类事件，防止谣言四起，还可以帮助完善城市突发事件应急管理机制。

曾经引起中美两国经济关系紧张的一个重要问题就是中美贸易争端。中美的贸易关系一直都处在一种摩擦多、曲折多的状态，近些年随着中国"入世"，两国的经贸关系也是摩擦非但不减，反而频率有所增加，这样一来，美国也就成了与中国发生贸易摩擦最多、最激烈的国家。一场在世界上最大的发展中国家和世界上最大的发达国家之间的交锋就此展开，相关舆情数量也开始明显增多。

结合知识图谱，分析有关"中美贸易战"的舆情信息，可以发现舆情传播量最多的是从微博平台发出的消息，包括@央视新闻、@新华网、@人民日报等拥有巨大粉丝量的官方主流媒体在内的"大 V 博主"都开始不断地关注此次事件并发表相关言论。由于其自身带有的"官方""主流"色彩，引得网友广泛阅读并转发，使得舆论愈演愈烈，舆情范围不断扩大。此外，现代社会除了微博自媒体平台，还有很多新闻客户端也发展迅速，大众可以实时、快速地通过手机 APP 在十分琐碎的时间里阅读相关新闻，从而更加快了"中美贸易战"这一舆论话题的传播。关于"中美贸易战"的热门词，运用知识图谱，我们可以分析看出，相关词汇诸如"特朗普""2 000 亿""加征"等词占据搜索的热词榜的前列，并且在中国对于美国加征关税的举措作出回应后，"中国外交部""600 亿"等词也出现在热词榜上。对于此次贸易摩擦，由于中国的态度一直保持平和，始终相信和平的处理方式是最好的，因此"WTO 授权""对话"等词也成为重点词。[①]

在涉军网络舆情大数据管理中，知识图谱可以帮助分析舆情话题的热度，因为网站、论坛是网友进行交流的活跃阵地，因此可以通过检索网站中的最新帖文并进行事件的提取，将其划分到网络舆情知识图谱中，基于图谱中的事件结合算法来发现热点事件，从而发出舆情变化趋势的预警，以掌握网络的舆情发展态势和网友的话题导向。在此基础上，将网友参与的事件按照舆情的热度

① 部分资料来源于 https：//www. eefung. com/hot-report/20180329164132，https：//www. civiw. com/report/20180921155618。

分配权重进行累计，我们将此作为用户的活跃度，按照时间周期统计就可以将用户活跃度的分布规律图呈现出来，对于把握涉军的舆情的检测时间有一定的指导意义。不仅仅有基于整个网络的热点事件分类，具体到某一领域同样有热点事件的排名，涉军舆情的热点事件按就可以按照人工设置的舆情热度阈值来实现，一旦事件的热度超过热度阈值就可以认为该事件是热点事件。基于网络舆情知识图谱的有关涉军事件的舆情内容发掘还有很多，因此正确利用知识图谱技术可以帮助可视化，对用户了解某个领域甚至整个互联网都有一定的促进作用（王兰成和娄国哲，2018）。

除了上述案例，知识图谱还应用于建立基于商业领域知识图谱的新闻舆情系统（平健舟，2019）。商业舆情是指商业领域的舆论情况，是指大众对企业以及高管在商业领域的行为、现象等表达自己的观点、态度的总和。像许多突发事件的舆论一样，商业舆论也不再仅仅局限于口头甚至书面形式，大部分舆论情况都在网络中广泛传播，例如以网络新闻、微博、论坛、博客等形式。在这样的媒体平台上，舆情的传播速度明显提高，舆论的涉猎范围也变大，因此基于商业领域知识图谱的舆情系统也就应运而生，其中知识图谱主要起到了提供实体以及实体链接的基础。实践证明，这种基于商业领域知识图谱的新闻舆情系统可以取得一定的成效。

肖维泽提出了构建基于知识图谱的多媒体网络舆情语义识别案例库。案例库一旦建成，就可以对事件知识做出知识的整理，并且提供网络舆情的语义识别过程中的知识，将所涉及的相关知识进行结构化表示，可以为网络舆情的分析管理提供知识服务，例如为舆情数据采集、语义情感分析、主题提取等提供知识参考。对网络舆情语义识别领域知识的系统化整理可以实现对原有知识的推理。案例库一旦建成，还有可能对政府舆情管理提供一定的帮助，通过案例库提供的知识使得相关部门在舆情扩散时把握舆情情况，增加政府的舆情管控能力。案例库包括多媒体网络舆情语义识别案例本体并基于网络舆情相关知识对其进行了语义约束，有一定的创新性和应用性。案例库对用户基于知识图谱的需求进行了详细的分析，帮助提高案例库的合理性和有效性。基于知识图谱的案例库应用从知识抽取开始，紧接着进行知识表示，最后进行知识融合，为后续前台的应用提供了方便。

不论是在突发事件网络舆情监测的应用还是热点前沿事件的发掘方面，知识图谱都展现了一定的高效性和便捷性，在加大了可视化的前提下，还为今后知识图谱和网络舆情分析相结合提出了更广阔的发展前景，给未来研究网络舆情分析提供了新的思路。作为大数据时代的产物的知识图谱，它紧密依存着大数据的各种理论和方法，同时其高度关注数据的规范性、可用性以及本体和语义网理论。在数据量飞速增长和信息技术高速发展的今天，数据的处理和存储以及信息的提取，乃至知识的发掘都在发生着变革，知识图谱以本体建模为手段，推动了知识的更新和融合，方便了知识的全面共享，借助语义网络分析理论来挖掘并发现新知识，利用知识库关联方法来实现海量知识的分布式存储（冯新翎和何胜等，2017）。

5.5　社会网络知识图谱研究的总结与展望

知识图谱在分析网络舆情等领域的研究现状、挖掘研究热点、洞察研究趋势等方面具有重要作用，对网络舆情研究的进一步发展具有重要意义。随着知识信息时代的到来，知识图谱作为一种知识组织工具为各个领域提供了方便。在网络舆情分析管理方面，如何构建一个准确而又完善的知识图谱，是能否监测舆情，为舆情分析提供智能、便捷方法的关键。筛选出有效的数据集，剔除无效无用信息，针对时间进行情感分析都是舆情分析的关键，我们期待未来知识图谱技术能够顺利解决这些问题，增加网络舆情知识图谱的可信性和可用性。结合知识图谱的各种特点，知识图谱的应用领域十分广泛，可以应用于信息科学领域来规范领域本体规范，用于大型互联网企业的构建和实施，目标是推进知识创新和提供高水平的知识服务。目前涉及的行业和部门有证券、医疗、商业、娱乐以及图书馆和情报领域。

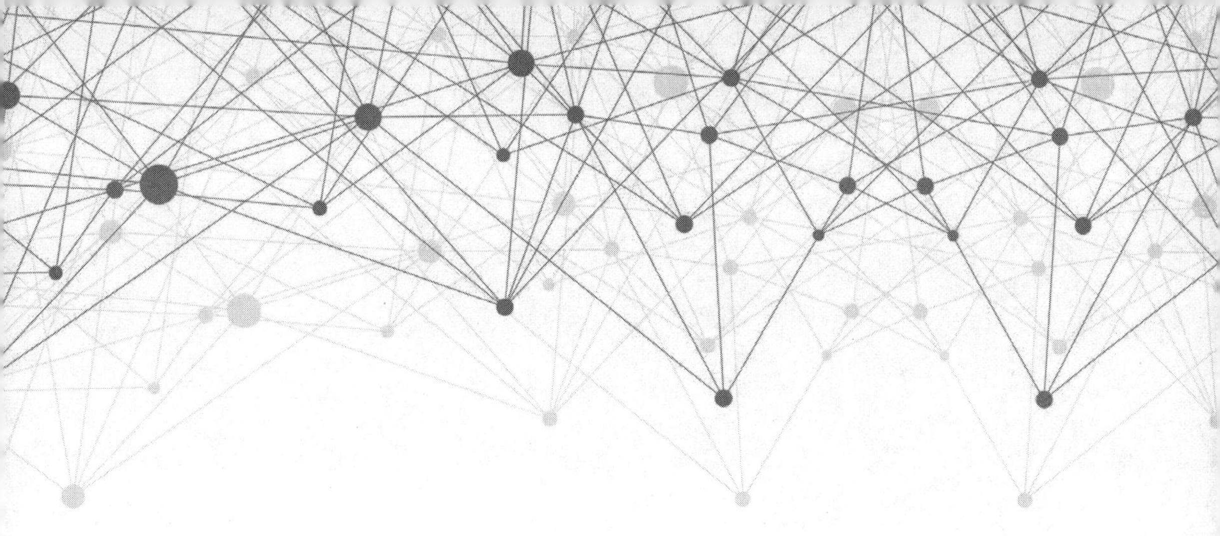

Knowledge
Graph

第 6 章　社会网络知识图谱在智慧司法中的应用

6.1　智慧司法的现有研究和应用

当今社会，各类复杂的公共安全案件时有发生，简单的数据检索功能甚至已经无法满足当前公共安全业务破解复杂案件的基本需求，公共安全部门所搜集存储的海量数据数量庞大，可能存在一定的无效数据，因此无法快速解读，它们只是无法表达的数字化知识（邱瑞和朱振华，2018）。而知识图谱技术的应用就可以帮助融合来自多个数据源的数据，丰富数据语义信息，将推理得到的隐含信息用于为公共安全服务，如可以利用公共安全部门沉淀的海量结构化和非结构化数据，包括案件数据、轨迹类数据、基础类数据、背景类数据等，通过知识图谱技术，围绕文本挖掘和快速检索等需求，构建一个具有数据分析处理、数据挖掘功能的基于知识图谱的为公共安全人员服务的平台，整合各类数据的平台以方便公共安全人员，也为社会安全提供保障。

目前，人工智能在社会的各个领域中发挥着越来越重大的作用。其中，司法领域中大数据的抽取与关联、知识图谱的构建与评估、基于知识图谱的法律知识条文拆解以及裁判要旨理解等人工智能技术，都将有效促进司法改革和法律信息化的进程。在进行案件审判的过程中，法院主要依靠法官的个人经验和法院相关规则进行案件流程推进，但法官时间有限，很多宝贵时间被花费在重复性、低智慧密度的流程工作和事务工作上。目前，一些技术已经可以将法院审判业务规则与现代语音识别技术和图像识别算法结合，实现法院在办案过程中案件管理与证据审查一体化、办案资料自动识别、案件数据自动调用、文书自动生成，从而通过现代信息化手段实现业务流程优化，为法官和法院管理人员提供有效工具，进一步提升法院审判的效率。例如，应用在裁判文书解读这一领域的多项技术在国内外已经日益成熟。裁判文书本身包括了近百项数据信息，但在对案件做相关分析时，一般工作人员只能通过人工抽取的方式，完成其中几个维度的直观分析。目前有些学者以海量文书数据库作为基础，以专家经验作为支撑，通过运用神经网络学习和文书语义自动识别技术，实现文书数据的深度挖掘和整理，从而可以系统自动地提取精确的、完整的文书信息分析抽取结果，进一步满足审判工作的个性化数据分析需求和完成案件裁判尺度的全面评估。在国际上，以卷积神经网络和循环神经网络为代表的深度学习方法得到了广泛使用，文本处理技术正向知识构建和语义推理等深层次应用方向快速发展。最近，由斯坦福大学研发的司法版 AlphaGo 在保密协议的审查中已超越了人类专家的水平。

法院在做案件研究时，主要依靠自身对案件相关数据进行收集整理，通常以经验作为主导，数据来源单一，信息覆盖面窄，没有相关的数据模型和大数据技术做支撑。目前，有的学者利用多源数据组合（如裁判文书数据、工商数据、舆情数据）、数据挖掘、数据建模、大数据可视化、关联分析等技术对获取的数据信息进行提取处理后，详细分析数据之间的关系及特征，并应用于金融风险甄别预警监控、征信、反欺诈、打击非法资集资等相关领域。

实际上，智慧司法可以研究和应用的方面有很多，本章将从失信被执行人社会特征发现与预警模型、民间借贷网络和僵尸企业社会关系网络知识图谱三个方面展开讨论。

6.2 失信被执行人社会特征发现与预警

在司法审判中，针对法院被执行人失信判别问题，基于社会网络可以构建失信群体社会网络知识图谱，提出被执行人多层次社会关系模型、隐匿财产隐匿提升模型、隐匿行为浮现模型以及失信心态评估模型。由此，根据获取的分析结果，得出被执行人失信风险概率预警模型。

失信群体知识图谱的构建基于已有的失信人员数据（失信被执行人信息）以及抓取的失信人员公开信息，构建失信群体知识图谱，以图形化方式展示失信群体结构化知识，实现多种复杂推理。在失信群体知识图谱的构建过程中，从已有数据中抽取出实体（如失信者人名、地名等专有名词和有意义的时间等概念）、属性信息以及实体间的关系，以自底向上的方式建立失信群体数据中的实体—关系—实体三元组，以及实体及其相关属性的实体—关系—事件—属性。

其中，关键技术包括实体抽取、关系抽取以及属性抽取。基于面向开放域的实体抽取和分类技术，通过统计机器学习的方法，从失信群体数据集中抽取其中的不同实体，如合作者、同事、夫妻、公司名、会议名称等。通过引入上下文分析技术，自动抽取实体间的关系，完成形式化和推理过程。同时，采用数据挖掘的方法直接从失信人文本数据集中挖掘实体属性与属性值，实现对属性名和属性值在文本中的定位，并完成对失信被执行人社会特征的发现与预警（见图 6-1）。

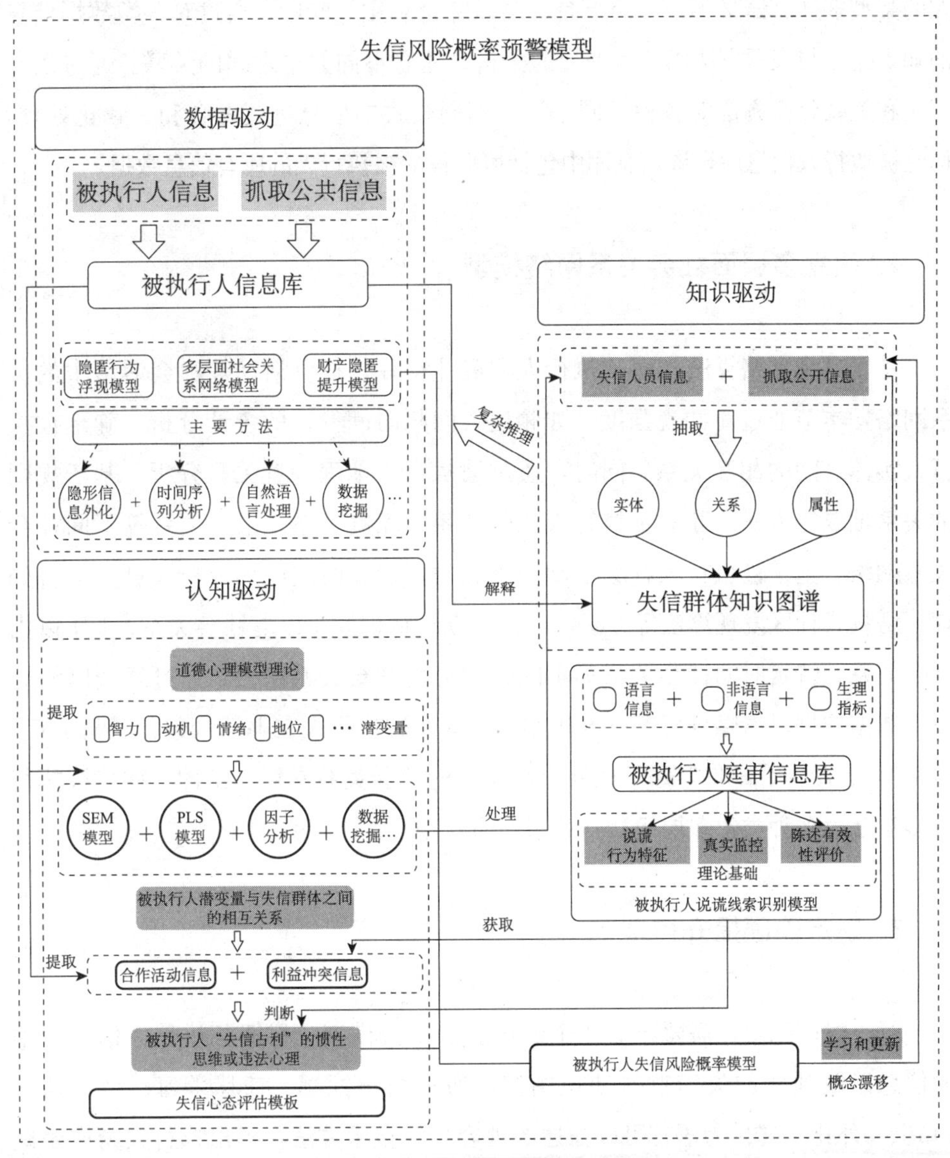

图 6-1　失信风险概率预警模型

1. 构建被执行人信息库

基于获取的被执行人商业交往、投资活动、社会交往、地理位置等历史数据和通过大规模分布式爬虫技术抓取的其他公开信息数据，利用关联分析、数据挖掘分析、文本分析、复杂网络分析等技术处理和整理各类数据。针对数据中存在的类型多样、语义不一、跨平台、难以综合利用等问题，通过对各类数据信息的知识挖掘与表示方法以及跨平台的分析，建立不同数据之间的关联。通过语义标注和关联分析方法对各种不同来源、不同格式的信息进行融合和一致化处理，构建被执行人信息库，该信息库中包括可获得的被执行人的所有信息数据。

2. 建立多层面社会关系网络模型

基于共现网络算法构建被执行人在商业交往、投资活动等社会活动中的关系网络，本节通过对共现强度（如频度、间隔时间等）的统计分析，确定被执行人实体之间的相互关系。同时，通过被执行人地理位置关联分析，基于规则的关系抽取等方法，建立被执行人工作关系、家庭关系、亲友关系等不同社会关系网络。基于被执行人社会活动历史数据，通过时间序列分析、自然语言处理、增量式社区发现算法等方法，可以建立如认识 5 年以上社会关系、1 年以内社会关系、特定时期社会关系等不同时间粒度社会关系网络。通过复杂网络分析、数据挖掘、情感分析等技术和方法，构建被执行人在电话（包括手机通话、短信等）、微博、邮件等通信或社会媒体中的社会关系网络。由此，构建被执行人多粒度、多种类的多层面社会关系网络模型。

3. 财产隐匿提升模型

对于财产隐匿，需要建立一个财产隐匿提升模型。根据被执行人信息库中的信息以及建立的失信群体知识图谱，通过数据挖掘、迁移学习、隐性信息（知识）外化（转化为语言可以描述的内容）等技术方法，提出执行人财产隐匿提升模型，将信息库中被执行人财产隐匿过程中隐含的深层信息关联挖掘出来。

在该模型中，通过对被执行人财产相关数据中异常节点（如资产变动较大的时间节点、消费活动异常节点、社会活动变化异常节点）的分析，关联相应阶段社会关系的动态变化以及行为（如社会行为）变化，通过隐性信息外化技术对其进行分析和解释，并通过失信群体知识图谱进行演绎推理，实现对被执行人财产隐匿线索的发掘。同时，由于分析过程中被执行人数据量有限，因此需要通过迁移学习的方法扩充和丰富已有知识经验。

4. 建立隐匿行为浮现模型

结合被执行人不同历史阶段的数据（包括商业交往、投资活动、社会交往、地理位置等），借助失信群体知识图谱，通过复杂网络分析、数据挖掘分析、时间序列分析、增量式社区发现算法以及隐性信息外化等方法，对被执行人历史数据中不同时间段包含的行为及变化过程进行刻画和发掘，找出被执行人行为变化的轨迹，建立隐匿行为浮现模型。基于时间序列分析、增量式社区发现算法、数据挖掘等方法，挖掘和分析被执行人信息库中不同时间段内行为规律（去除偶然行为），如社会行为、消费行为，通过不同时期用户行为规律对比分析以及社会交往与地理位置的关联分析，找出被执行人具有明显行为规律变化的行为和异常变化的行为。同时，基于多层面社会关系网络模型，通过复杂网络分析方法、隐性信息外化技术对被执行人异常变化行为进行分析、解释，并通过失信群体知识图谱进行演绎推理，实现对被执行人隐匿行为的发掘和解释，得出被执行人具有的隐匿行为。

5. 基于不同心理压力点的偿还概率模型

由于失信心态评估是基于道德心理模型理论的，个体道德既源自个体，又源自社会，因此，失信是一种社会道德价值观的表现。通过数据挖掘、隐性信息外化等技术，提取体现被执行人个体和社会的潜变量（latent variable）（难以直接准确测量）和指标，如智力、动机、情绪、地位（如家庭、社会、经济地位）、消费水平等。结合已有的失信群体信息，基于结构方程模型（structural equation model，SEM）、偏最小二乘回归（partial least-squares regression，

PLS）模型、因子分析等方法处理被执行人潜变量、指标与失信群体之间的关系，以及在失信群体中这些潜变量和指标之间的相互关系，如被执行人具有的某种地位和动机较多地出现在失信群体中。同时，在被执行人信息库中提取被执行人在协调社会中个体间的各种合作活动，以及解决个体间发生的各种利益冲突信息，通过知识图谱、隐性信息外化等方法，演绎推导不同变量在其中起到的作用，如在各种合作活动和利益冲突中，被执行人具有某种明显的动机、情绪（该动机、情绪与失信群体之间具有关系）等，进而获取该被执行人失信心态情况，判别是否具有“失信占利”的惯性思维或犯罪心理，得出被执行人失信心态评估模型。

借助一定的心理学模型，可以找出不同压力点偿还概率。基于自然语言处理、数据挖掘、社会网络分析、隐形信息外化等方法和技术，对被执行人信息库进行分析、处理，分析被执行人在现实生活中较为关心、注重的外在倾向（如名誉、自由、金钱、地位等），关联被执行人特征（如财产、职业、社会地位、个人年龄、身体状况等），通过主成分分析、关联分析、因子分析等方法，构造被执行人对应压力点分布状况，即被执行人在意的外在倾向的优先或先后顺序。结合失信群体历史信息，类比不同措施的结果，基于概率生成模型得出被执行人不同压力点下还款的概率。

6. 预警模型

在此基础上，我们可以建立预警模型。基于对被执行人数据驱动、知识驱动和认知驱动的分析结果，通过贝叶斯分析框架建立被执行人失信风险概率预警模型。同时，随着时间的推移，不同时期被执行人也在不断学习，其行为隐匿性会越来越强，在模型中借鉴机器学习中概念漂移的解决方法，通过滑动窗口和实例权重的方法，对失群群体信息不断学习和更新。

6.3 民间借贷网络市场概况

当前，我国民间借贷市场已经进入高级阶段，资金供需两旺，并具有迅速走红于网络经济的发展趋势。然而，民间借贷相关立法滞后，市场监管缺位，司法主导突出，整个市场呈现出产生发展的内生化、投资主体的多元化、交易形式的电子化、法律规则的零散化、法律地位的尴尬化以及裁判结果依赖指导性解释等特征。网络借贷平台的风险控制问题以及民间借贷交易的信息监测问题等日益突出，加强监管立法和监管机构主动执法，依法规范民间借贷行为，严厉打击高利贷，已成为金融生态建设中民间借贷法律规制的必然选择。

针对民间借贷案件智能辅助审判，目前各个研究机构主要以解决一般性问题进行研究与实践工作，其中包括以法官办案个人经验和案件行为规则为基础，通过运用信息化手段和工具，提升法院法官办案办公效率，以及利用深度挖掘才能发现文书价值，辅助案件审判与管理。

根据对当前民间借贷案件的审判过程中实际遇到的难题，本节对不规范的民间借贷案件大数据进行语义抽取、语义标注和语义关联，构建一个实体标识唯一、数据结构一致的整合的高质量的复杂债权图谱，智能分析复杂的债权债务关系，并通过关键节点和关键路径挖掘技术有效识别现在民间借贷中对人民生活影响较大的“套路贷”和“非法集资”等问题。

本节针对民间借贷大数据多源异构、分面、低质的特性，对海量的、分布的、多粒度的异构民间借贷案件大数据进行语义抽取、语义标注和语义关联，构建一个实体标识唯一、数据结构一致的整合的高质量的复杂债权图谱，并在此基础上研究综合方法评估图谱质量，确保知识可靠性，实现碎片化案件要素的有效语义抽取和语义关联，从多维度构建复杂债权图谱，以实现对复杂债权债务关系的动态、实时、智能分析。通过关键节点和关键路径的深度用户行为挖掘，利用要素匹配实现复杂民间借贷案件的再分类，智能辅助审判工作中的并案处理问题。基于债务债权人人物画像、案件语义要素和复杂债权图谱的要素再挖掘，研究异常借贷行为涌现机制和证据链缺失节点发现模型，通过多模态拆解法律条文和裁判要旨，提出民间借贷行为真实性的智能发现模型和借贷关系可靠性评估模型，并通过智能拆解法律条文和裁判要旨，在证据识别框架的基础上提出一个借贷事实辅助认定模型，实现类案推送和事实认定建议的自动生成，智能辅助审判工作。

本节讨论的是一个基于知识图谱和智能推理模型的民间借贷案件复杂债权债务关系分析框架和借贷事实辅助认定系统，使不规范的民间借贷数据得到协整，从而使民间借贷大数据文本中的碎片化关系和关系簇得到有效提取，并构建复杂债权图谱，实现民间借贷案件中复杂债权债务关系实时地更新和可视化。同时，基于债务债权人人物画像和案件语义要素匹配方法，提出审判智能辅助框架，构建借贷事实辅助认定模型，实现例案推送和事实认定建议的自动生成。

下一节将建立民间借贷关系模型和借贷事实辅助认定框架，从多个维度建立实时、连续、动态的债权关系模型，并根据关键要素特征，结合证据识别框架实现民间借贷案件自动生成事实认定建议，智能辅助审判工作。整体内容如图 6-2 所示。

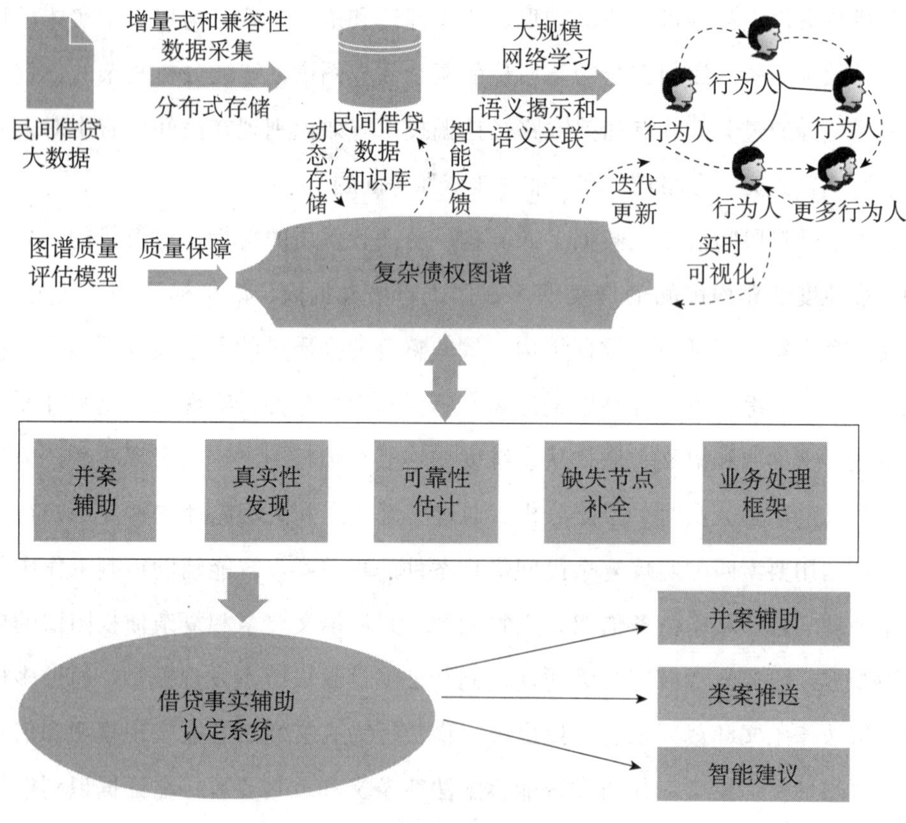

图 6-2　民间借贷社会网络及债权图谱

6.4　民间借贷关系模型及辅助认定框架

1. 民间借贷大数据的获取与信息抽取新方法

在本节中，民间借贷大数据的获取将综合采用增量式和兼容性数据采集与共享的方法。增量式数据的采集，既可以指在一定时间步长上获取数据，也可以指待数据产生特定的差异性时再获取数据。而兼容性数据的采集和存储则旨在实现现有数据平台的互通、互容与互信。对于不规范的民间借贷大数据，本节拟借助实体关联、属性映射、类映射等方法和技术进行语义标注，使其结构化。针对民间借贷数据大数据的多源异构、分面低质、高维稀疏等特性，提出了基于频繁词组挖掘的命名实体的识别技术和基于词图的概念描述方法，同时借助深度学习机制能够充分利用特定窗口范围内提供的上下文内容，抽取各个层次的特征以及特征之间的关系来帮助识别特定语义内容，实现借贷文本中实体、关系以及相关要素的抽取。

2. 构建复杂债权知识图谱

主要通过对民间借贷大数据的语义揭示和语义关联，对民间借贷大数据进行知识组织，形成语义关联的覆盖网络，以便为知识图谱挖掘提供高质量的数据资源，做好知识图谱构建准备。民间借贷大数据的语义关联是指将来自不同数据源的分布式民间借贷大数据依据语义标注和抽取的结果，进行多维度关联组织的过程，即分布式环境下碎片化关系和关系簇的整合。本节拟对基于相似度计算和基于规则的多维度关联方法进行研究，实现相关实体的多维度关联问题。

3. 图谱质量评估模型

质量评估也是知识库构建技术的重要组成部分。受现有技术水平的限制，采用开放域信息抽取技术得到的知识元素有可能存在错误，经过知识推理得到的知识的质量同样也是没有保障的，因此在将其加入知识库之前，需要有一个质量评估的过程。随着开放关联数据的增多，抽取的知识质量差异也在增大，数据间的冲突日益增多，如何对其质量进行评估，对于全局知识图谱的构建起着重要作用。本节讨论了一种基于多种质量评估方法的新的知识质量综合评估方法，可根据业务需求来定义质量评估函数，以对知识的可信度进行量化，并舍弃置信度较低的知识。

4. 基于复杂债权图谱的民间借贷案件再分类模型（并案辅助）

面对民间借贷案件往往并非孤立的，案件之间的要素关联现象普遍存在的现实，基于复杂债权图谱，利用要素匹配、关键路径挖掘等方法提出民间借贷案件的再分类模型，为审判工作中并案处理环节提供数据支持和智能辅助。充分考虑图谱中各要素的耦合性、关联性特征以及借贷网络中相邻节点和多个节点簇之间的分化，通过描述借贷关系网完整的扩散过程，从借贷规模、借贷关系的时空特征、借贷关系扩散树等多维度对借贷信息进行测量，以达到挖掘、分析关键节点（关键债权人和债务人）的目的，并在此基础上，采用渗透理论挖掘借贷关系网中的关键路径，最后采用节点要素和路径要素匹配的方法实现民间借贷案件的再分类。

5. 借贷行为真实性的智能发现

挖掘债务债权人职业、经济能力、交易习惯、银行流水等跨媒体社会大数据，构建债务债权人人物全息画像。基于复杂债权图谱中的关键节点和关键路径，通过增强学习、迁移学习、隐性信息（知识）外化等方法，将复杂民间借贷案件中隐匿的深层信息挖掘出来。通过对复杂民间借贷案件相关数据的异常分析（如同一主体发生较多诉讼、变相突破利率），关联其相应阶段社会关系以及行为变化。通过隐性信息外化以及基于复杂债权图谱的演绎推理，实现对借贷行为真实性线索的发掘，由此为民间借贷问题中的“非法集资”和“套路贷”

提供了智能分析的事实基础。由于债务债权人的借贷行为会随时间而改变，因此，可以结合债务债权人不同历史阶段的数据，对债务债权人不同历史阶段的行为及变化过程进行刻画和发掘，找出规律与异常，建立异常借贷行为浮现模型。

6. 基于智能推理技术的借贷关系可靠性估计模型

基于数据驱动、知识驱动、认知驱动以及说谎线索识别模型的分析结果，建立民间借贷行为风险概率预警模型。随着时间的推移，不同时期民间借贷行为的复杂性也在不断提升，其真实性线索的隐匿性也会越来越强。在模型中我们将借鉴机器学习中的概念漂移方法，通过滑动窗口和实例权重，对复杂债权图谱的关键节点和路径的信息不断进行增量自适应学习和要素更新。基于自然语言处理、社会网络分析以及隐形信息外化，通过关联债权债务人的特征（如财产、职业、社会地位、年龄、身体状况），结合债权债务人的历史信息，基于概率模型，可以得到借贷关系可靠性的估计模型。

7. 基于要素匹配和智能推理的证据链缺失节点发现模型

在民间借贷案件中，债务债权人往往无法举证完全，在审判过程中导致证据链缺失节点的问题。本节在复杂债权图谱的基础上，深度挖掘不同复杂民间借贷案件的事实要素和法律适用要素，充分考虑要素之间的耦合性和关联性特征，建立一个完整证据链的指标画像，并通过要素匹配和智能推理的技术自动发现新案件中的证据链缺失节点。

8. 民间借贷案件业务处理结构化语义图

通过主题模型、图特征推理、语义分析、特征降维等方法，智能拆解法律条文和裁判要旨，对民间借贷案件判例进行多维度的整理和归纳，获取案件纠纷核心信息及相关的语义结构，理清共识与分歧，并自动将案件要素与

“类案”匹配，实时推送，构建民间借贷案件的业务处理结构化语义图，同时在债务债权人多粒度特征挖掘和证据指引框架的基础上，自动生成事实认定建议。

可以对海量的、分布的、多粒度的异构民间借贷案件的大数据进行语义抽取、语义标注和语义关联，从而构建一个实体标识唯一、数据结构一致的整合的高质量的复杂债权图谱，并在此基础上提出一种综合方法评估图谱质量，确保知识可靠性。通过关键节点和关键路径的深度挖掘，利用要素匹配实现复杂民间借贷案件的再分类，智能辅助审判工作中的并案处理问题。基于债务债权人人物画像和案件语义要素，可以提出民间借贷行为真实性的智能发现模型和借贷关系可靠性评估模型，并通过智能拆解法律条文和裁判要旨，在证据识别框架的基础上，提出一个借贷事实辅助认定模型，实现类案推送和事实认定建议的自动生成，智能辅助审判工作。

9. 小结

围绕民间借贷案件复杂债权关系和借贷事实辅助认定问题，本节讨论了一个基于知识图谱和智能推理模型的民间借贷案件复杂债权债务关系分析框架和借贷事实辅助认定系统，对海量的、分布的、多粒度的异构民间借贷案件大数据进行语义抽取、语义标注和语义关联，从而构建一个实体标识唯一、数据结构一致的整合的高质量的复杂债权图谱。通过讨论一个基于知识图谱和智能推理模型的民间借贷案件复杂债权债务关系分析框架和借贷事实辅助认定系统，可使不规范的民间借贷数据得到协整，从而使民间借贷大数据文本中的碎片化关系和关系簇得到有效提取，并构建复杂债权图谱，实现民间借贷案件中复杂债权债务关系实时地更新和可视化。借助关键节点和关键路径的深度挖掘，利用要素匹配实现复杂民间借贷案件的再分类，智能辅助审判工作中的并案处理问题。基于债务债权人人物画像和案件语义要素，提出民间借贷行为真实性的智能发现模型和借贷关系可靠性评估模型，并通过智能拆解法律条文和裁判要旨，在证据识别框架的基础上提出一个借贷事实辅助认定模型，实现类案推送和事实认定建议的自动生成，智能辅助审判工作。

综上，目前各个机构对于民间借贷案件智能辅助审判研究总体呈现分散发展的态势，各个研究机构研究基础较为单一，通常致力于解决民间借贷案件智能辅助审判工作中较为简单的局部性问题和一般性问题，缺乏对于民间借贷相关案件的纵深专业研究和完整的顶层建设框架，系统对于案件审判的适用面和针对面非常有限，无法体系化适用或处理民间借贷中的复杂案件。

将法院审判业务规则与现代语音识别技术和图像识别算法结合，实现了法院在办案过程中案件管理与证据审查一体化、办案资料自动识别、案件数据自动调用、文书自动生成，从而通过现代信息化手段实现业务流程优化，为法官和法院管理人员提供有效工具，进一步提升法院审判效率。

6.5　僵尸企业社会关系网络知识图谱

目前，国际上对于僵尸企业的识别方法基本上都是基于 CHK 模型，通过衡量企业的实际支出利息与应付最低利息来考察企业是否存在信贷补贴，以此来判断企业是否为僵尸企业。一些资质良好或者具有发展前景的高科技企业往往能得到银行的优惠贷款，但其从本质上并不是僵尸企业，因此上述 CHK 模型存在一个误判的可能。在司法领域中，有些学者探索使用机器学习方法根据被告特征建立梯度迭代决策树（gradient-boosted decision trees，GBDT）来预测犯罪风险，探索建立从算法预测到法官决策的关联，以辅助法官决策。

利用解决僵尸企业社会关系发现的智能算法，可以提取僵尸企业的多维度特征，构建特征量化知识图谱，构建僵尸企业上下游企业资金链关系模型，以及融合多种数据挖掘方法，建立破产企业判定模型。主要研究内容是构建僵尸企业社会关系发现的多层面网络模型，并对僵尸企业特征进行多维度量化。然后，通过多角度关联建模，提出上下游企业资金链关系模型，以及结合数据挖掘方法实现对破产企业的判定（见图 6-3）。

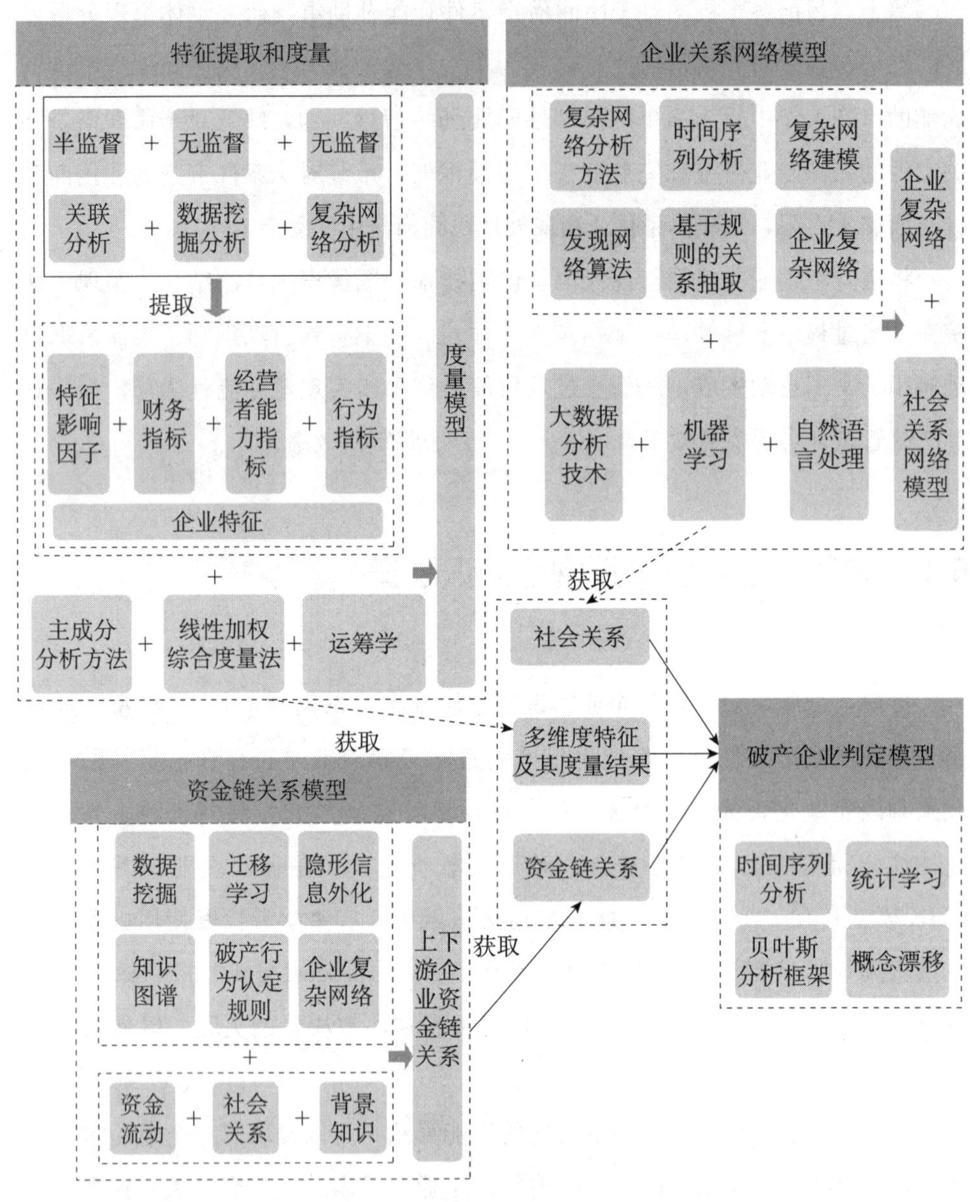

图 6-3　僵尸企业破产识别认定

1. 僵尸企业社会关系网络知识图谱

通过讨论企业复杂网络（enterprise complex networks，ECN）概念，可以引入基于企业信息的大数据，追踪企业的信誉、商业行为数据（如投资、融资）、合作关系数据等，为研究企业的社会关系、特征提取、资金链条、破产判定等提供支持。

针对僵尸企业社会关系复杂的特性，基于社会网络分析方法并结合大数据分析技术、机器学习方法以及自然语言处理技术，可以提出僵尸企业复杂社会关系发现算法，并通过社会网络建模还原僵尸企业社会关系知识图谱。同时，基于企业大数据搜集与实证分析方法，研究市场环境下企业群体合作机理和运营模式的特性，结合大数据分析方法，实现智能提取僵尸企业社会关系。

在僵尸企业社会关系的构建过程中，可以基于企业社会网络图谱，通过共现网络算法构建僵尸企业（包括僵尸企业主要负责人）在商业交往、投资活动等社会活动中的关系网络，并通过对共现强度（如频度、间隔时间等）的分析，确定企业之间的相互关系。同时，通过僵尸企业及其主要负责人的地理位置关联分析，基于规则的关系抽取等方法，可以建立僵尸企业社会关系网络。基于僵尸企业社会活动历史数据，通过时间序列分析、自然语言处理、增量式社区发现算法等方法可以建立不同时间粒度的企业社会关系网络，如合作 5 年以上社会关系、1 年以内社会关系、特定时期社会关系等。同时，通过社会网络分析方法、数据挖掘等技术和方法，可以构建僵尸企业及其主要负责人在微博、新闻、公告、司法文书或社会媒体中的社会关系网络。由此，构建出僵尸企业多粒度、多类别、多层面的社会关系网络模型。

2. 僵尸企业多维度特征提取及度量模型

基于获取的僵尸企业及其主要负责人在商业交往、投资活动、社会活动、司法等方面的历史数据以及通过搜索、爬虫技术抓取的其他公开信息数据，可以利用关联分析、数据挖掘分析、文本分析、社会网络分析、自然语言处理等技术处理和整理各类数据。同时，通过对各类数据信息的知识挖掘与统一表示，以及跨平台信息的融合分析，可以建立不同数据之间的关联。通过机器学习以及深度学习、图挖掘等人工智能算法训练和分析僵尸企业相关数据，可以得出僵尸企业数据中影响较大的特征影响因子，发现僵尸企业的特征，并进一步分析量化僵尸企业的特征。

基于半监督、无监督的机器学习方法，可以研究量化分析僵尸企业特征的影响因子。通过公开的僵尸企业名单信息及相关诉讼信息构建数据样本时，能够清楚地加上僵尸企业标记。从互联网抓取的相关企业大数据由于具有体量大、多样性、动态性、非准确性等特点，无法给相应数据样本加上准确的标记，需结合半监督、无监督的机器学习算法，利用少量标注样本和大量未标注样本对相关企业大数据进行分析，以确定僵尸企业特征的影响因子。基于获取的僵尸企业特征的影响因子，采用主成分分析方法、线性加权综合度量法、运筹学等方法建立僵尸企业多维度特征度量模型。

此外，还可以从财务指标、经营者能力和行为指标、关联企业交易网络指标、关联企业资金链指标、网络空间评价指标、股权结构指标、影响效应指标等具体方面，自动构建并抽取破产僵尸企业特征维度，通过主成分分析、关联分析、机器学习等方法实现对僵尸企业多维度特征度量。

3. 僵尸企业资金链关系模型

基于构建的企业社会网络及企业大数据，通过数据挖掘、迁移学习、隐性信息（知识）外化（转化为语言可以描述的内容）等技术方法，可以构建僵尸企业资金链关系模型，对僵尸企业资金流动过程中的信息关联进行挖掘，实现对僵尸企业上下游企业资金链关系的挖掘。在资金链关系模型中，通过对僵尸企业中的资金流动数据（如投资、贷款、企业运营、商品交易等）进行分析，可以关联相应阶段企业及其主要负责人社会关系的动态变化，通过隐性信息外化技术对其进行分析和解释，实现对僵尸企业资金链关系的发掘。同时，由于分析过程中僵尸企业数据量有限，可以通过迁移学习的方法扩充和丰富相关结论。

在资金链关系模型的构建过程中，我们将面临企业信息的碎片化形态（碎片化），以及大量中间环节与背景信息的缺失（不完全）问题。针对碎片化信息，可以借助迁移学习、知识图谱、隐性信息（知识）外化等方法将企业及其主要负责人在生产、社会交往、经营与市场等各环节打通与关联；针对不完全信息，需要充分借助背景知识，比如破产案件法律知识图谱、破产行为认定规则等行业知识，重建与补齐相应的缺失知识，从而能够获得僵尸企业上下游企业完整资金链条。

4. 破产企业判定模型

基于对僵尸企业社会关系、多维度特征、资金链关系的分析结果，综合考虑资产价值、负债状况、清偿能力等指标体系，通过时间序列分析方法、统计学习方法并结合贝叶斯分析框架可以建立破产企业判定模型。同时，研究破产法学知识图谱、企业破产认定规则的综合知识表示机制，以及面向僵尸企业破产案件的类案判断机制，可以识别类案判断的关键要素和可解释判定机制与模型。

随着时间的推移，不同时期僵尸企业的特征也在不断变化，在模型中同时借鉴机器学习中概念漂移的解决方法，通过滑动窗口和实例权重的方法，对僵尸企业信息不断学习和更新。另外，可以结合自然语言处理、数据挖掘、社会网络分析、隐形信息外化等方法和技术，对企业大数据进行分析、处理，构造概率生成模型，实现对破产企业的预测和判定。

5. 小结

对于僵尸企业的相关问题，关键是解决如何实现碎片化与不完全信息下的僵尸企业的识别和裁定。通过实现僵尸企业多维度特征提取及度量，从多个层面建立僵尸企业社会关系模型，提出资金链关系模型，以及破产企业判定模型，可以实现对僵尸企业的信息数据的融合、特征的量化、社会关系的抽取以及破产的判定。

针对获取的僵尸企业信息的不完整、非连续、碎片化特性，并由此带来的难以实现企业破产认定的难题，可以通过对各类数据信息的知识挖掘与统一表示，以及跨平台信息的融合分析，建立不同数据之间的关联。同时，借助迁移学习、知识图谱、隐性信息（知识）外化等方法，并充分借助背景知识，如破产案件法律知识图谱、破产行为认定规则等行业知识，将企业及其主要负责人在生产、社会交往、经营与市场等各环节打通与关联起来。然后，通过融合大数据分析技术、机器学习方法以及自然语言处理技术提取僵尸企业多粒度、多类别、多层面的社会关系网络，并提出企业社会网络概念，为分析企业的社会关系、特征提取、资金链条、破产判定等内容提供支持。

6.6 基于知识图谱的智慧司法优化

在本章中，我们从失信被执行人社会特征发现、民间借贷及僵尸企业社会关系等几个方面，介绍了相关的知识图谱，其中共同的几个环节是人物关系梳理、挖掘潜在关系人、案件分类及分析。

通过人物关系梳理，公共安全警务人员可以将危害公共安全事件、案件笔录等文本数据信息导入系统，然后利用知识图谱技术对涉案的人物关系进行梳理，从而可以快速整理并绘制出直观可见的人物关系图谱，使警务人员可以进行案件人物关系梳理和分析。

挖掘潜在关系人，就是通过知识图谱构建的关系网络，快速清晰地对犯罪人员的网络社会数据进行分析，挖掘出其较为亲密的关系人的情况，并形成相应的人物关系图，进而发掘潜在的违法犯罪同伙。这样，公共安全人员可以挖掘出许多潜在的线索，如某部门利用知识图谱技术，通过对某网络违法人员进行分析，将某网络违法人员的生活关系人纳入监控，从而挖掘出更为完整的关系人员图谱，这样可以帮助发现犯罪嫌疑人的踪迹，从而及时找到犯罪嫌疑人，或者挖掘到犯罪同伙、合伙犯罪，从而提高破案的可能性。

在案件分类及分析中，利用知识图谱中的文本大数据分析、语义深度学习技术，通过分析案情记录的基本特征，系统能够根据案件内容，实现自动分类。如将公共安全案件数据导入程序，程序会自动对案件进行分类，方便以后归档查找。同时，利用知识图谱技术对案情描述、笔录记录等文本信息进行分析，可以提炼多种案件的作案手法、手段等特征，并据此提高对不同类型的案件串并分析的能力，也可以为日后同类案件的破解提供帮助。

在案件分类及分析的基础上，社会热点一旦存在，就可能有不法分子针对社会热点存在的漏洞开展不法行为，公共安全警务人员利用公共安全知识图谱技术，分析互联网舆情数据、高访数据，可以获取当前大众舆论热点信息，并将预测结果反馈给公共安全警务人员，让警务人员对大众热点进行重点监控防范，排查其中可能存在的治安安全隐患，降低违法犯罪事件的发生，保障人民生命和财产的安全，起到预防监督的作用，降低不必要的犯罪率。

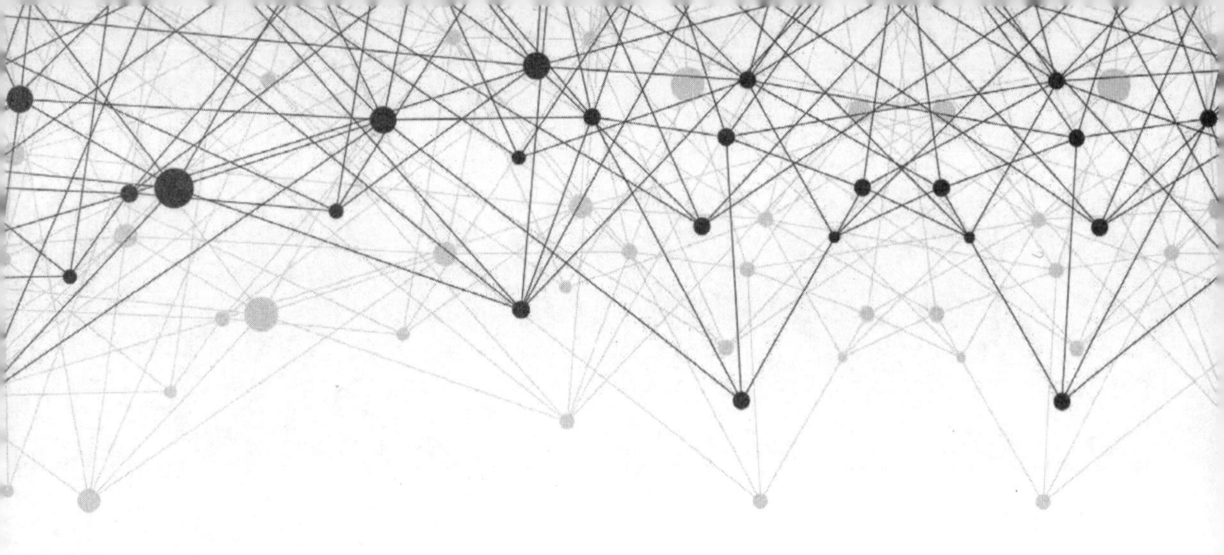

Knowledge
Graph

第 7 章　社会网络知识图谱在电子商务中的应用

随着互联网的快速发展，大数据、社会计算以及人工智能的“浪潮”促进了社会网络电子商务这一新兴业态的产生与蓬勃发展，并不断冲击和改变着人们的社会行为和生活方式，其中电子商务推荐技术成为用户个性化服务不可或缺的一项技术。

在国外，通过智能构建领域知识图谱，辅助行业和领域进行大数据分析与决策已成为一个重要趋势，例如，Metaweb 软件公司开发的 Freebase、维基媒体基金会开发管理的 Wikidata、微软公司开发的 Concept Graph、谷歌公司开发的 Knowledge Graph 等。在实际应用过程中，美国网飞（Netflix）公司利用基于其订阅用户的注册信息和观看行为构建的知识图谱，分析了解到用户的历史兴趣，改进了影片推荐效率，提高了用户的满意度。脸谱网推出的 GraphSearch 产品，核心技术就是通过知识图谱将人物、地点、事件等联系在一起，帮助用户在庞大的社会网络中找到与自己最具相关性的人物、照片、地点和兴趣等。目前微软和谷歌拥有全世界最大的通用知识图谱，脸谱网拥有全世界最大的社会知识图谱。在形式化语义图谱方面，微软、谷歌都基于语义分析构建了大规模知识图谱，如微软从 16.8 亿多网页中构建了包含超过 270 万个概念的指数库来增强 Bing 搜索。当前，国外相关研究机构正致力于解决如何从海量非结构化数据中抽取实体及其关系以构建知识图谱，并自动化更新。

在国内，领域知识图谱的智能构建也越来越受到重视，众多知识图谱应用产生了较好的经济和社会效益。其中，依托深度学习模型和数亿用户数据，美团构建了一个大规模餐饮娱乐知识图谱——美团大脑，为大众提供更好的智能化服务。京东、百度、腾讯等研究团队通过构建大规模语义知识图谱，为商品标题降噪，为文本检索、信息推荐提供精准语义导航，并在京东商城商品推荐、百度百科、微信广告推荐等产品中得到商用。京东数聚汇作为用户画像的一个典型应用，通过深度分析年度网购用户的行为，挖掘网络购物趣味数据，结合用户画像，从用户的购物行为入手，结合年度流行热点，分析不同地域网购人群的购物习惯和喜好，帮助业务部门找到营销机会、运营方向，全面提高产品的核心影响力，增强产品用户体验。此外，基于底层商品知识图谱，京东对电商违禁文本做了分类梳理的相关工作，积累了包含辱骂、赌博、诈骗等违禁知识。利用深度神经网络等算法学习这些特征，构建了违禁实体识别模型。目前，国内的开放知识图谱有百度的百度知心、搜狗的知立方等，其中搜狗知立方通过整合海量的互联网碎片化信息，对搜索结果进行重新优化计算，将核心的信息展现给用户，从而大大改进了搜索的质量。

针对电子商务社会网络大数据，本章提出了一个系统性方法框架，使用知识提取、数据挖掘以及自然语言处理等技术，搭建了电子商务社会网络大数据知识图谱，整合了软件开发的方法和工具，实现了基于电子商务社会网络知识图谱的用户商品智能推荐服务。

7.1 社会化电子商务

随着互联网的迅猛发展，个体获取商务信息的方式正在发生根本性的改变。相较于传统媒介，互联网可以提供给人们海量、实时、个性化的信息。用户个体可以很方便地获取与共享网络上的资源，自由地通过网络进行交流与沟通。在用户与互联网交互的过程中，用户可以在互联网上发现感兴趣的原创内容，用户与用户之间通过共同的兴趣事物而聚集在一起。在此基础上，用户之间的交往联系得到加强，由一对一到多对多，最终形成一个个电子商务社会网络。

1. 电子商务社会网络和用户兴趣社区的形成和发展

20 世纪 70 年代初期，电子邮件最早出现在阿帕网（Arpanet）应用上。自那时起，用户与用户之间就可以开展通信交流。虽然电子邮件中相当大一部分是垃圾邮件，但是它仍然方便了用户之间的沟通和交流。电子邮件是现代社会网络的起点和基础。20 世纪 80 年代，基于调制解调器的电话线通信的电子公告板（BBS）诞生。此后，随着 HTTP 协议的出现，BBS 的形式和内容不断更新，内容不再以纯文字表现，图片、音频、视频等媒体内容成为用户主要的表达方式。其字义内容近乎于论坛。20 世纪 90 年代以来，即时通信（IM）和博客（Blog）开始发展和活跃起来。前者提高了即时效果和同时交流能力，后者则开始体现社会学和心理学理论。信息发布节点开始体现越来越强的个体意识，在时间维度上的分散信息开始被聚合，进而成为信息发布节点的“形象”和“性格”。比如，从 RSS、Flickr 到最近的 YouTube、Digg、Mini-feed、推特、飞信、Video-Mail，都解决或改进了单一功能，丰富了网络社会的工具。

随着网络社会的不断发展，一个人在网络上的形象更加趋于完整。社会网络形成自身独特的发展过程，见图 7-1。

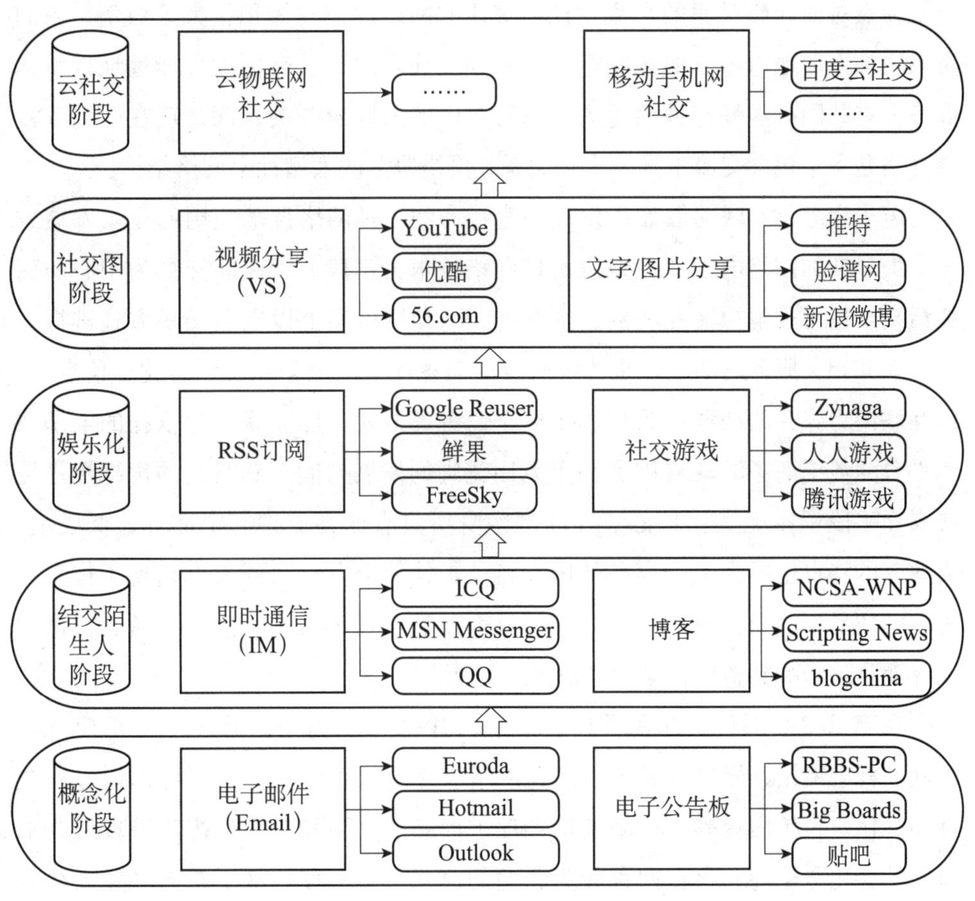

图 7-1　社会网络发展概况图

早期的社会网络理论包括：概念化阶段——SixDegrees 代表的六度分隔理论、结交陌生人阶段——Friendster 帮你建立弱关系从而带来更高社会资本的理论、娱乐化阶段——MySpace创造的丰富的多媒体个性化空间吸引注意力的理论、社交图阶段——脸谱网复制线下真实人际网络到线上低成本管理的理论和云社交阶段——Portal。社会网络发展反映出人们逐渐将线下生活的完整的信息流转移到线上进行低成本的管理，这使虚拟社会越来越与现实世界的社会出现交叉。

2. 社会网络与电子商务

电子商务社会网络的起点是以电子邮件为基础的点对点交流活动，历经BBS、即时通信、博客、微博等交流工具和平台的发展。从最开始的点对点交流转变为点对面和面对面的交流，社会交往的网络规模和体积扩大了数倍。人们可以更加方便地与自己的亲朋好友联系和交往，同时具有更大可能性地接触在商务上有共同兴趣爱好的陌生人，完善自己的人脉商务关系圈。现在的商务社会网络是一个包含交流工具、人脉关系、网络服务的大型社会网络结构。

电子商务是互联网爆炸式发展的直接产物，是网络技术应用的全新发展方向。最早期的网络电子商务是以信息网络技术为手段、以商品交换为中心的商务活动，也可理解为在互联网、企业内部网和增值网上以电子交易方式进行交易活动和相关服务的活动，是传统商业活动各环节的电子化、网络化、信息化。以互联网为媒介的商业行为均属于电子商务的范畴。以互联网为依托的电子技术平台为传统商务活动提供了一个无比宽阔的发展空间，其突出的优越性是传统媒介手段根本无法比拟的。互联网本身所具有的开放性、全球性、低成本、高效率的特点也成为电子商务的内在特征，并使得电子商务大大超越了作为一种新的贸易形式所具有的价值，它不仅会改变企业本身的生产、经营、管理活动，而且将影响到整个社会的经济运行与结构。

在Web 2.0时代，互联网上越来越多的内容和行为是由用户主导和产生的。借助于社会网站、微博、社区论坛、网络媒介等社会网络平台，可以通过社会互动、用户自生内容等手段来辅助和促进商品的购买和销售。按照展现形式来看，社会化电子商务存在四种较为普遍的模式。第一种是基于共同兴趣的社会电商模式，该模式用线上交流和采购的方法替代了用户对商品的逛街需求，其盈利模式较为直接，盈利能力也较强。第二种是图片加兴趣的形式，其代表为Pinterest，即Pin（图钉）＋Interest（兴趣），用户可以把自己感兴趣的东西用图钉钉在钉板（PinBoard）上。这种模式的特点是简单、互动性强、视觉冲击力高、容易快速聚集起大量用户，但在盈利上需要有庞大的用户规模作为支撑。第三种是媒体导购的形式，特点是有较强的媒体属性，商品通过各种途径的展现让用户充分感受到商品的魅力。缺点是该模式往往难以聚集大量用户，互动性较差。第四种是线下消费加线上导购的形式，该类型的特点是用户的消费目标明确，娱乐属性较弱，对商品的要求较高。电子商务在社会网络上的发展形成了社会化电子商务。

基于商品需求的同好人群分类形成了隐蔽而又复杂的社会网络。传统电子商务平台上众多的用户消费者由对某种商品的喜好而自动地聚集在一块，并进行消息的评论和点赞。新兴的微商等基于社会网络的电子商务模式的兴起也利用了用户消费者的社会属性和从众心理。商家和用户、商家与商家以及用户与用户之间围绕商品信息等展开讨论。信息的传播途径和传播方式更加隐蔽和复杂，能否在信息的传播过程中把握动态规律和用户兴趣趋向是一件十分重要而有难度的事情。

3. 社会化电子商务的信任

在社会化电子商务的活动中，买方—卖方之间的直接信任关系可以通过商品交易活动建立，买方对卖方的直接信任度可用双方之间的交易次数、买方对卖方的反馈评价表示（见图 7－2）。在图 7－2 中，买方—买方信任网络可以通过拆分买方—商品模式网络建立，即购买过共同商品的两个买方之间基于共同的商品偏好形成直接信任关系网络。此外，也可以通过拆分买方—卖方模式网络形成，即有共同卖方交易伙伴的两个买方之间基于共同的卖方偏好形成直接信任关系网络。在图 7－3 中，买方 b_i 对买方 b_j 的直接信任度（有共同的卖方）可以通过迭代方式计算：

$$t_{ij}^{(n+1)} = 1/(1+\mathrm{e}^{t_{ij}^{(n+1)}}) \in (0,1), t_{ij}^{(0)} = 1, n = 0,1,2,\cdots$$

$$t_{ij}^{(n+1)} = \sum_{s_k \in S_{ij}} \frac{\| x_{jk}^{(n)} \|}{\| x_{ik}^{(n)} \|} \cos(x_{ik}^{(n)}, x_{jk}^{(n)}) t_{ij}^{(n)}$$

其中，$x_{ik}^{(n)} = (w_{ik}^{(n)}, \overline{v}_{ik}^{(n)})$，$s_{ij}$ 为买方—卖方交易关系网络中 b_i 和 b_j 共同卖方 s_k 的节点集合，$w_{ik}^{(n)}$ 为 s_k 第 n 次从 b_i 到 b_j 共同购买次数，t_{ij} 为 b_j 对 s_k 给出的信任度平均

值，归一化于（0，1）（时变的，并不断修正）。

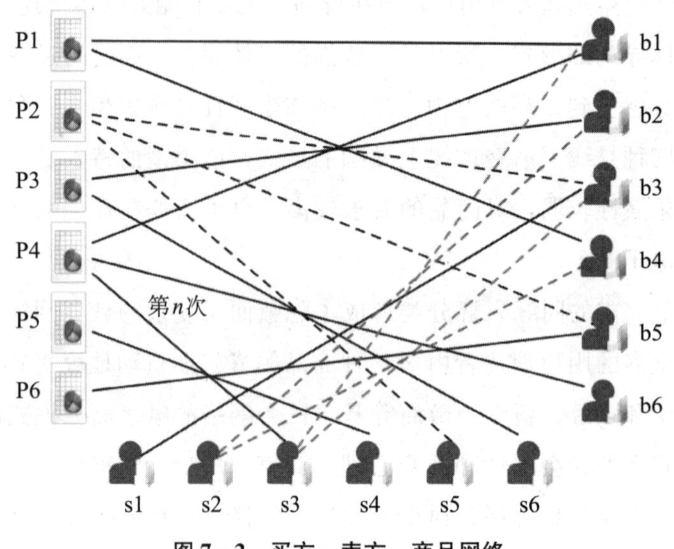

图 7-2　买方—卖方—商品网络

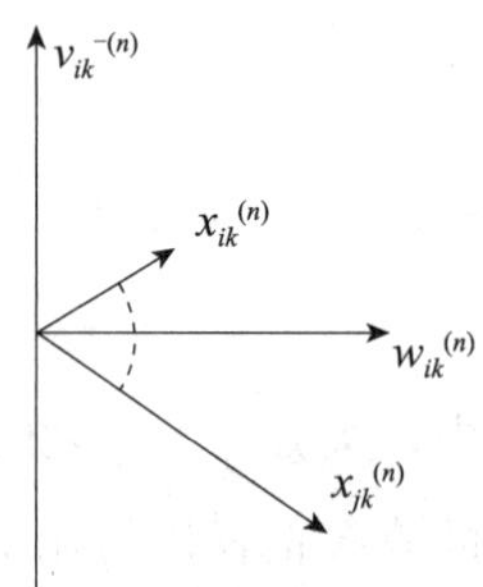

图 7-3　信任度

类似地，我们也可以通过买方—商品模式网络得出直接信任度，或者通过上述的加权平均值直接得出信任度。

7.2　电子商务的社会知识图谱

在大数据时代，如何快速地对海量网络数据进行分析，并建立电子商务社会网络分析和推荐机制，从而为管理者提供决策支持是当前研究的热点和难点。大数据时代为我们提供了海量研究数据，同时其数据容量大、流动快、形态多样、价值密度低以及真实性不高等特点使得仅依据数据统计进行电子商务监控的传统方法不再适用。相对于传统的网络电子商务分析，大数据时代的电子商务社会网络分析更集中于对大量网络数据的搜集、存储、清洗并结合文本挖掘技术从大量低价值密度的数据中获取相关的电子商务研究信息。如何浓缩海量信息，抵抗数据爆炸，从而实现电子商务社会网络大数据增值并提高可视化主题图谱的趋势研判能力是大数据时代电子商务分析的重大挑战。电子商务社会网络的知识图谱的主要内容包括以下四个方面（见图 7－4）。

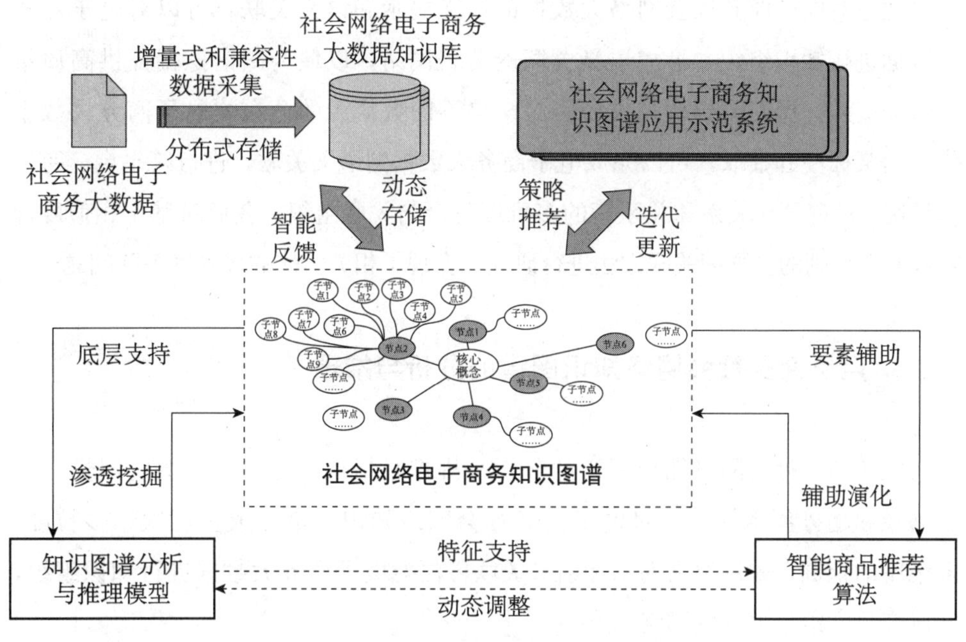

图 7－4　网络知识图谱的主要内容框架图

1. 电子商务社会网络大数据环境下信息抽取的新方法与知识图谱构建

本章构建了一种综合增量式和兼容性的新型数据采集与共享框架，既可以在一定时间步长上获取数据，也可以待数据产生特定的差异性时再获取数据，而兼容性数据的采集和存储则嵌入实现现有数据平台的互通、互容与互信的功能中。对于不规范的电子商务社会网络大数据，可以借助实体关联、属性映射、类映射等方法和技术进行语义标注，完成数据结构化。针对电子商务大数据多源异构、分面低质、高维稀疏等特性，有学者提出了基于词组子空间挖掘的命名实体的识别技术和基于词图的概念描述方法，并借助深度学习机制以充分利用变尺度窗口过滤上下文内容，抽取各个层次的特征以及特征之间的关系，进而识别特定语义内容，实现消费者、商家、商品等电子商务大数据实体、关系以及相关要素的抽取。

2. 电子商务社会网络大数据知识图谱的构建

通过对电子商务社会网络大数据的语义揭示和语义关联，可以对电子商务大数据进行知识组织，形成语义关联的覆盖网络，以便为图谱挖掘提供高质量的数据资源，做好图谱构建准备。对来自不同数据源的分布式电子商务大数据依据语义标注和抽取，可以完成电子商务大数据的语义关联，进行跨平台、跨模态环境下的碎片化关系和关系簇的多维度整合与关联组织。我们对基于相似度计算和基于规则的多维度关联方法进行研究，实现了相关实体的多维度关联问题。

3. 电子商务社会网络知识图谱的分析与推理

电子商务社会网络知识图谱的分析与推理是指从关键节点、关键属性、关键路径和趋势预测等方面对电子商务社会网络知识图谱完成多层次、多粒度、多维度的挖掘，采用语义揭示和语义关联方法对电子商务大数据进行知识组织，形成变尺度语义关联的网络。

通过对单条信息完整扩散过程建模，基于度量节点传播能力的系列指标，可以从扩散规模、扩散的时空特征、扩散树的结果等多维度对该条信息进行度量，利用多主体建模方法完成宏观监控，建立电子商务大数据信息渗透理论。可以应用基于知识图谱的多维度用户、商品、商家画像技术，完成多媒体画像建立、画像去噪、画像对比、画像扩展、画像推理、画像更新学习等算法。

4. 图谱智能商品推荐算法

结合知识图谱，可以探究如何将深度学习应用于用户个性化推荐。在实际研究中，可以通过三种方式将构建的知识图谱应用于推荐系统，即知识图谱依次学习推荐算法、知识图谱联合学习推荐算法以及知识图谱交替学习推荐算法。其中，知识图谱依次学习首先使用知识图谱特征学习得到实体向量和关系向量，然后将这些低维向量引入推荐系统，学习得到用户向量和物品向量。知识图谱联合学习将知识图谱特征学习和推荐算法的目标函数相结合，使用端到端的方法进行联合学习。知识图谱交替学习则将知识图谱特征学习和推荐算法视为两个分离但又相关的任务，使用多任务学习的框架进行交替学习。由此建立图谱智能商品推荐模型，解决传统商品推荐过程中存在的稀疏性和冷启动问题。

7.3　电子商务的社会知识图谱构建

首先，借助行为追踪法、增量获得法、不同平台匹配法等方法进行数据采集，为电子商务社会网络主题图谱的构建提供更为丰富的、有效的、及时的数据支撑。其次，应用自然语言处理、文本挖掘、命名实体识别、机器学习等方法和技术对基于频繁词组挖掘的命名实体的识别技术和概念描述方法进行研究，以有效识别电子商务社会网络大数据的商品和角色（商家或消费者等电子商务主体）的实体类别、实体名称、实体属性、实体关系等语义内容。再次，借助实体关联、属性映射、类映射、形式化描述和机器学习等方法和技术，基于电子商务社会网络大数据的语义数据，对电子商务社会网络事件中的商品之间、角色之间以及商品与角色之间的相似关系、时间关系、肯定关系、否定关系、顺序关系等多类型关系进行语义标注。最后，基于相似度计算、基于规则推理等方法和技术，根据上一步语义标注的结果，对电子商务社会网络大数据的语义关联进行研究，从而生成一个电子商务社会网络大数据关联网络（见图 7－5）。

电子商务社会网络大数据的关联，是指对来自不同数据源的分布式的电子商务社会网络大数据依据语义标注的结果，进行形式化抽象和多维度关联组织的过程。以往的网络资源组织大都集中在宏观结构上，很少深入到微观内容结构，维度较低，难以体现网络资源多维度的特征，这就大大限制了数据的深度挖掘和分析。为解决这一问题，可以对基于相似度计算和基于规则推理的多维度关联方法进行研究，实现相关实体的多维度关联。具体来说，电子商务社会网络大数据的语义关联包括两个层次：商品层的关联和角色层的关联。前者是基于商品内实体进

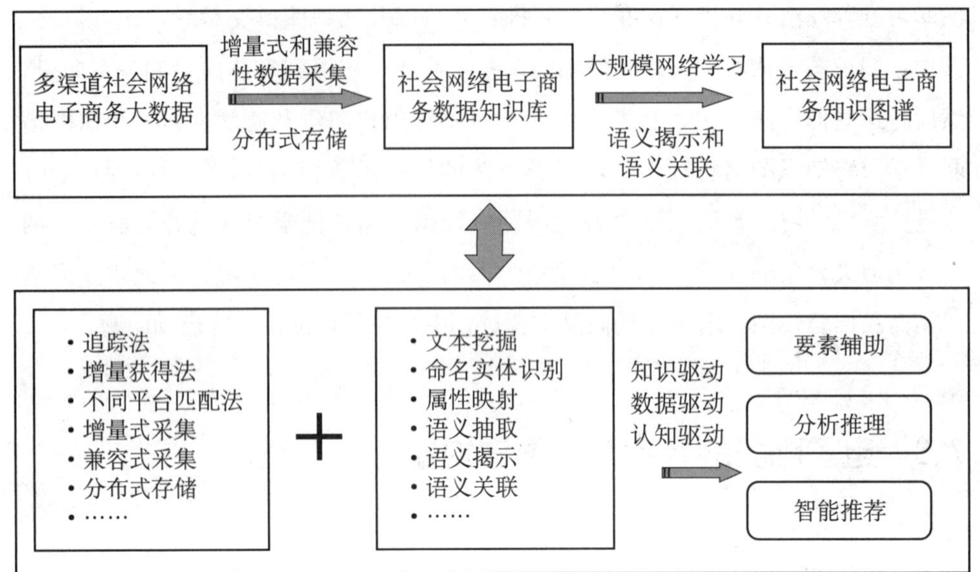

图 7-5　电子商务社会网络大数据知识图谱的构建

行的多维度关联；后者则是基于相关角色（商家、消费者等）进行的多维度关联。

利用当前深度学习和人工智能等技术取得的重要成果，可以探索在大数据采集、数据抽取领域的应用，以解决数据采集、数据抽取领域的关键技术问题。具体来说，电子商务社会网络大数据的获取与信息抽取新方法及知识图谱的构建包括以下几个方面的研究内容：①电子商务社会网络大数据获取的新方法和新工具；②电子商务社会网络大数据的概念抽取；③电子商务社会网络大数据的关系抽取；④电子商务社会网络大数据的语义关联。其中，第一个方面的研究内容是解决数据的采集问题，提供基础数据支撑；后三个方面的研究内容是完成实体概念、实体属性以及实体关系等抽取工作，从而发现社会网络中重要的电子商务线索以及数据要素之间的联系。

7.4　电子商务的社会知识图谱分析

社会网站脸谱网于 2013 年推出了 Graph Search 产品，其核心技术就是通过知识图谱将人物、地点、事件等联系在一起，并以直观的方式支持精确的自然语言查询。知识图谱会帮助用户在庞大的社会网络中找到与自己最具相关性的人物、照片、地点和兴趣等。Graph Search 提供的上述服务贴近个人的生活，满足了用户发现知识以及寻找最具相关性的人的需求。因此，从知识图谱发展主体背景上来看，如何深入分析和挖掘电子商务社会网络知识图谱中的关键角色、关键节点、关键路径和发展趋势，便成为一个需要解决的关键问题。

社会网络中主题、主体类型存在多样性，同时电子商务中存在商品多样化和用户需求个性化，这些给电子商务社会网络大数据知识图谱分析带来了不小的困难。同时，由于构建电子商务社会网络知识图谱仅为实体及其属性之间关系相连的一阶图谱，因此针对社会网络和电子商务的复杂关联和交互关系，需要对图谱进行更深层次的知识挖掘与更广泛的知识拓展。

1. 关键路径与社区分析

社会网络演化过程具有复杂性、开放性、自组织性、非平衡性、随机性等复杂系统的特征。在网络中，任选两个节点，连通这两个节点的最少边数称为这两个节点的路径长度，网络中所有节点对的路径长度的平均值称为网络的特征路径长度。这是网络的全局特征。假设某个节点有 k 条边，则这 k 条边连接的节点（k 个）之间最多可能存在的边的条数为 $k(k-1)/2$，用实际存在的边数除以最多可能存在的边数得到的值称为这个节点的聚合系数。所有节点的聚合系数的均值称为网络的聚合系数。聚合系数是网络的局部特征，反映了相邻两个人之间朋友圈子的重合度，即该节点的朋友之间也是朋友的程度。

对于规则网络，任意两个点（个体）之间的特征路径长度长（通过多少个体联系在一起），但聚合系数高（你是朋友的朋友的朋友的概率高）。对于随机网络，任意两个点之间的特征路径长度短，但聚合系数低。而在小世界网络，点之间特征路径长度小，接近随机网络，而聚合系数依旧相当高，接近规则网络。

复杂网络的小世界特性使得信息传递速度快，当改变少量的几个连接时，就可以剧烈地改变网络的性能。Sznajd 模型研究了个人观点如何受到外部群体的影响，该模型假设个人的意见只有赞成和反对两种，个人观点受到多个邻居的同时影响。研究表明系统中所有个体的意见最终会趋向一致。刘常昱提出了利用小世界模型构建人际关系网络拓扑，通过设计个体的局部相互作用规则，引入个体心理因素和外界媒体影响，利用计算机仿真建立演化模型的基本思路。此外，团队通过在即时通信工具 QQ 的真实用户群好友网络上的病毒式营销仿真，揭示了网络结构、节点中心性、激活概率等对营销传播特征的影响。

2. 趋势模型分析：裂变与电商融合

裂变是一种利益驱动的商业模式或营销模式，通过人与人之间的社会交往促进产品的传播和销售，裂变的雏形早在社会媒体乃至互联网兴起之前就已经存在，如今在社会媒体技术的加持下，得到了进一步的发展。用户通过激励达到裂变的效果。目前大部分基于社会的电商平台都会以现实奖励（如价格优惠、现金回馈或能兑换现金的积分等）或虚拟奖励（如游戏内道具等）这些直接利益输出作为激励手段来激发用户潜能。从用户角度而言，在传播过程中可以获得实实在在的收益；从品牌角度而言，可以极大地降低获客和推广的成本。由于供求双方都存在着强劲的动力，加上本身足够优秀的产品，因此裂变的形成过程将比较轻松。

裂变不仅仅是一种互联网产品的商业模式，品牌营销的机制设计也离不开它。在微博上曾流行一种比较经典的活动模式，其内容是“转发并@三位好友”，通过不断地递增过程，被奖励人群不断扩大，商品也被越来越多的人了解。该模式从某种意义上就是裂变的一种形式。用户通过参与活动获得抽奖机会或奖励，更多的人被@到后为了获取奖励也参与进来，从而产生了裂变的效果。

裂变存在三个特征：一是好的且有价值的产品是基础。由于社会媒体已经重塑了消费者决策流程，消费者在每一个环节都可能会受到社会媒体的影响，因此在社会媒体和裂变机制之下，营销传播可能会变得更加容易。理性的消费者通常会基于自身的需求来购买所需商品。这也意味着没有好的且有价值的产品作支撑，单纯的营销噱头是不会长期成功的。消费者在体验产品后，如果产品品质过硬，消费者体验良好，则会在社会媒体上进行正面的评价，从而积极影响到更多消费者，形成良性循环。如果产品不过关，给消费者带来了差的体验，则会形成恶性循环。二是目标用户导向，熟悉利益驱动型的用户群体特征。裂变是一种利益驱动型的模式，因此很多参与者也是利益驱动型的用户群体。QuestMobile 的相关研究报告显示，利益驱动型的用户群体的特征包括：时间成本相对较低、经常进行社会媒体分享、有线上消费的习惯与意愿、对移动互联网熟悉度较低等。品牌如果运用裂变的营销模式，就需要熟悉这类用户的特征，从而有针对性地选择推广产品、设计活动内容与机制。三是裂变与激励机制的设计。根据具体产品或活动的目标用户群体需求及行为特征，设计社会裂变活动机制。这里涉及两个机制：传播机制和奖励机制。常见的裂变传播机制有：拼团优惠、二级分销、帮忙砍价、邀请助力等，这些都符合门槛低、零成本、有收益、易分享、能累积的特点。而奖励机制一般是以现金优惠或回馈、能兑换成现金的虚拟点数为主，该奖励比较实际，用户易于接受。另外一种是能够让目标受众群体感到价值的虚拟奖励，比如针对一些游戏重度玩家的游戏内稀有称号或珍贵道具等。

有用、有趣、有价值是多年来社会媒体活动的三个黄金法则，这在裂变中也同样适用。裂变的趋势和过程是可以被预测的，相关数学模型可以分为两大类：一是基于传统统计学的预测模型，二是基于智能机器算法的预测模型。

基于传统统计学的预测模型比较常见的有自回归模型、指数平滑模型、ARIMA 模型以及移动平均模型等。基于智能机器算法的预测模型主要是将人工智能技术和时间序列预测两者相结合。相关的理论基础主要涉及径向基函数神经网络、BP 神经网络、灰色理论、马尔可夫链理论、混沌理论、支持向量机、贝叶斯网络、EM 聚类以及群体智能算法等。

电商融合是电商发展的趋势之一。随着数字经济的发展，电子商务加速融入数字经济和“一带一路”。工业、农业和服务业的发展离不开电子商务的带动。由于人们生活习惯和消费习惯的改变，以往纯粹的“淘品牌”已经几乎被“传统实体”重新占领。电子商务的交易状态也逐渐从 B2C（企业面向消费者）向 F2C（厂家直供消费者）和 C2F（消费者个性化需求到厂家）转换。同时人工智能和电子商务的融合也将会是未来发展的趋势。人工智能在基础理论和基础技术上取得了一定进展，尤其是在自主学习、综合推理、逻辑推导等方面能够助力电子商务规模的扩张和业务的增长。人工智能将为电商创新发展搭建更广阔的平台。

7.5　基于社会知识图谱的智能商品推荐算法

我们基于电子商务社会网络知识图谱，结合多通道大数据分析技术及神经网络训练模型，提出了有监督、半监督的跨平台自调节个性化智能推荐算法。通过实体连接、TransE 等知识图谱特征学习算法，可以自动学习节点和关系的高阶交互模式，构建面向社会网络知识图谱的 CNN、RNN、GCN 等神经网络算法，将知识图谱嵌入推荐系统，建立图谱智能商品推荐模型，解决传统商品推荐过程中存在的稀疏性、冷启动以及用户标签时效性问题。

我们知道，随着电子商务规模的扩大，商品的种类与数量也在不断增加，推荐系统可以通过分析用户的兴趣偏好等获取用户的需求，主动为用户过滤无用的信息，实现基于感兴趣的商品的推荐。而传统推荐系统却存在一定的缺陷——稀疏性和冷启动等问题。这些问题在一定程度上限制了推荐系统的效果，为了有效地解决这些缺陷，我们基于电子商务社会网络知识图谱，将知识图谱引入推荐系统。在实际研究中，可以通过三种方式将构建的电子商务社会网络知识图谱应用到推荐系统中，即知识图谱依次学习推荐算法、知识图谱联合学习推荐算法以及知识图谱交替学习推荐算法。

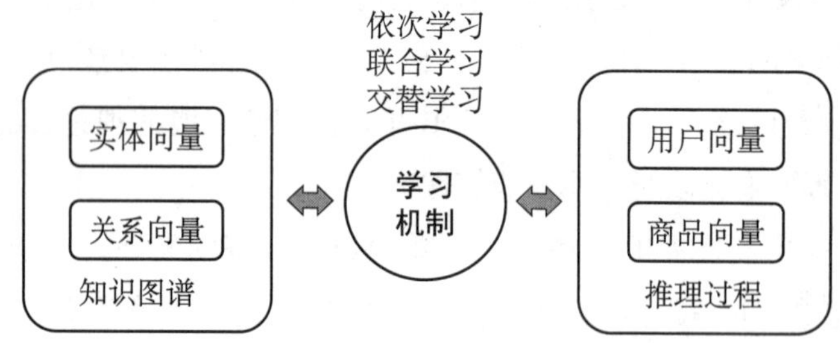

图 7-6　知识图谱学习机制算法流程

随着推荐技术在生活中的应用和学科的交叉，越来越多领域的技术与推荐技术的融合都有利于提高推荐系统的推荐性能。知识图谱包含了丰富的关于实体和关系的知识，描述了用户的属性。将知识图谱技术应用于推荐系统也逐渐成为一种趋势。例如，将语义网和推荐算法相结合，在挖掘用户偏好的同时利用语义推理技术克服了推荐的产品之间的相似性问题，国外学者还曾经在推荐技术中使用 DBpedia 等开放链接数据并通过实验验证了二者结合的有效性。

1. 知识图谱依次学习推荐算法

电子商务信息中商品名称和产品介绍文本中通常存在大量实体，实体间的语义关系可以有效地扩展用户兴趣。然而，这种语义关系难以被传统方法（话题模型、词向量）发掘。

知识图谱依次学习推荐算法首先需要提取知识图谱的特征，知识图谱的特征提取主要有以下三个步骤：

①实体连接：从商品介绍、用户信息等文本中提取词汇，并与知识图谱中的实体匹配。

②知识图谱的构建：根据所有匹配到的实体，在原始的知识图谱中抽取子图。

③知识图谱特征学习：使用知识图谱特征学习算法（如 TransE 等）进行学习，得到实体和关系向量。

有了知识图谱的实际特征之后，我们可以建立知识图谱依次学习的推荐算法模型。模型的建立主要是基于神经网络和注意力机制构建等知识。我们可以首先将商品名称的词向量、实体向量和实体上下文向量在神经网络的框架下融合。然后，利用注意力机制可以将用户历史兴趣融合，在判断用户对当前商品的兴趣时，使用注意力网络为用户历史记录分配不同的权重。

知识图谱依次学习推荐算法的核心就在于知识图谱特征学习模块和推荐系统模块相互独立，这也是知识图谱一次学习推荐算法的核心优点。进行知识图谱的一次学习的开销是巨大的，并且实际中知识的更新速度也远不如推荐系统的更新速度快。所以，两个模块独立，既可以减少知识图谱学习的更新开销，又可以在下次使用推荐模块时直接使用上次知识图谱得到的向量进行输入。

2. 知识图谱联合学习推荐算法

知识图谱联合学习推荐算法将知识图谱特征学习和推荐系统两个模型结合起来，实现端到端的传递，将推荐系统的监督结果反馈到知识图谱中，以实现两个模块的训练，实现推荐性能的提高。

知识图谱联合学习推荐系统实际上就是一个基于协同过滤和知识图谱特征学习的推荐系统。

以波纹模型为例介绍知识图谱联合学习推荐算法，利用波纹模型（如图 7-7 所示）模拟用户兴趣之于知识图谱的传播过程。在双波纹碰撞中，对于用户 u 的兴趣二阶波纹集合 S^{2u} 中的每个三元组，商品向量 v 与三元组之间有一个相关度可能性的计算。并且由于用户 u 与用户 u' 的二阶波纹实体相撞，因此有参数 k，参数 k 表示用户 u 与用户 u' 的关系紧密程度，这里用余弦相似度表示：

商品v'
商品
embedding
Rh'
softmax
t'
加权平均
Seeds'
Hop 1'
Hop 2'
增强信号k
加权平均
加权平均
用户embedding
sigmod(u'ᵀv')
预测概率
Hop H'
知识图谱
(用户u')
一阶
扩增
二阶
扩增
H阶
扩增
Ripple Set
用户u'
传播
传播
传播
{(小米手机A，鞋子)|
李冰冰购买过}
{(小米手机A，被代言，
明星D)，…}
{(明星D，恋人是，
明星C)，…}
{(编辑Z，出版，
书籍W)，…}
增强信号k
Seeds
Hop 1
Hop 2
Hop H
知识图谱
(用户u)
一阶
扩增
二阶
扩增
H阶
扩增
实体相撞
乘以参数
{(华为手机A，练功服)|
马云购买过}
{(华为手机A，被代言，
明星B)，…}
{(明星B，恋人是，
明星C)，…}
增强信号k
{(导演X，居住在，
城市Y)，…}
用户u
用户购买历史
传播
传播
商品v
商品
embedding
Rh
softmax
t'
加权平均
加权平均
加权平均
sigmod(uᵀv)
预测概率
用户embedding

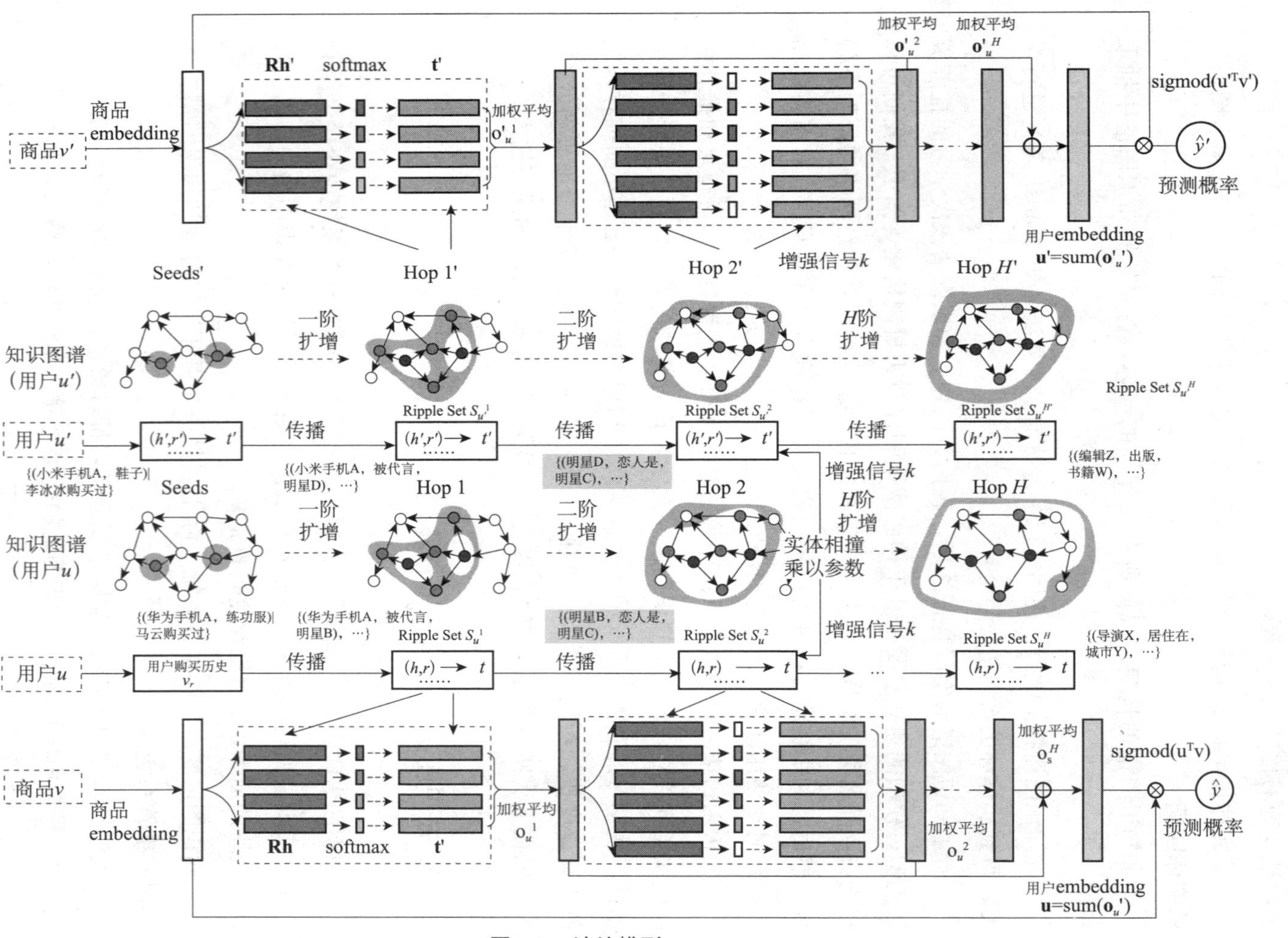

图7-7　波纹模型

$$k = e^{<\mathbf{A}\cdot\mathbf{B}>/(|\mathbf{A}|\cdot|\mathbf{B}|)}$$

其中 **A** 和 **B** 分别是用户 u 与用户 u' 的向量表示，p_i 表示商品 $\mathbf{v}$ 在关系 $\mathbf{R}_i$ 下与实体 $\mathbf{h}_i$ 的相似度。

$$p_i = k * \text{softmax}(\mathbf{v}^{\mathrm{T}}\mathbf{R}_i\mathbf{h}_i) = k * \exp(\mathbf{v}^{\mathrm{T}}\mathbf{R}_i\mathbf{h}_i) / \sum_{(h,r,t)\in S_u^2} \exp(\mathbf{v}^{\mathrm{T}}\mathbf{R}\mathbf{h})$$

其中 **R**，**h**，**v** 分别是关系嵌入、头实体嵌入和商品嵌入。p_i 与尾实体 **t** 相乘，累加得一阶加权平均用户嵌入

$$\mathbf{o}_u^2 = \sum_{(h,r,t)\in S_u^2} kp_i\,\mathbf{t}_i$$

其他保持不变，累加各阶用户嵌入，得到最终用户嵌入

$$\mathbf{u} = \mathbf{o}_u^1 + \mathbf{o}_u^2 + \cdots + \mathbf{o}_u^H$$

预测概率与用户嵌入和商品嵌入的函数关系为

$$\hat{y}_{uv} = \frac{1}{1+\exp(-\mathbf{u}^{\mathrm{T}}\mathbf{v})}$$

下面我们举例说明。假设用户 u 的种子节点为：{华为手机 A，练功服}，S_u^1= {(华为手机 A，被代言，明星 B)，(练功服，产于，广州)}，S_u^2= {(明星 B，恋人是，明星 C)，(广州，属于，广东)，(明星 B，出生在，北京)}，…，S_u^H= {(导演 X，居住在，城市 Y)，(大厦 R，修建于，1990 年)，(人物 F，喜欢，刮胡刀 T)}。再假设用户 u' 的种子节点：{小米手机 A，鞋子}，$S_{u'}^1$ = {(小米手机 A，被代言，明星 D)，(鞋子，销售给，浙江)}，$S_u^{2\prime}$ = {(明星 D，恋人是，明星 C)，(广州，属于，广东)，(明星 D，主演，电影 E)}，…，$S_{u'}^H$ = {(编辑 Z，出版，书籍 W)，(演员 U，角色是，人物 I)}。

用户 u 与用户 u' 的实体集合从种子节点出发，不断向外扩展。在第二跳波纹集合 S_u^2 和 $S_u^{2\prime}$ 中都包含了“明星 C”这个实体，表明两个波纹集合相撞。根据两个用户之间的关系紧密程度（即参数 k，这里参数 k 用余弦相似度表示），得到商品 $\mathbf{v}$ 在关系 $\mathbf{R}_i$ 下与实体 $\mathbf{h}_i$ 的相似度

$$p_i = k * \text{softmax}(\mathbf{v}^{\mathrm{T}}\mathbf{R}_i\mathbf{h}_i) = k * \exp(\mathbf{v}^{\mathrm{T}}\mathbf{R}_i\mathbf{h}_i) / \sum_{(h,r,t)\in S_u^2} \exp(\mathbf{v}^{\mathrm{T}}\mathbf{R}\mathbf{h})$$

$$k = e^{<\mathbf{A}\cdot\mathbf{B}>/(|\mathbf{A}|\cdot|\mathbf{B}|)}$$

其中 **A** 和 **B** 分别是用户 u 与用户 u' 的向量表示。

我们以一个用户购买过的商品为中心，用户的兴趣沿着关系边可以逐跳向外扩展，并且在扩展过程中兴趣强度逐渐衰减。

知识图谱联合学习可以将推荐系统的监督结果反馈到知识图谱中，相当于从一端传递到另一端的学习机制。两个模块各自的参数都需要各自的实验来确定，训练的花销较大。

3. 知识图谱交替学习推荐算法

知识图谱交替学习推荐算法的提出是基于推荐系统中的商品和知识图谱中的实体存在相同的部分，因此两个模块之间存在相关性。推荐系统和知识图谱特征学习两个模块可以互补，知识图谱特征学习可以帮助推荐系统提高性能，防止系统存在过拟合的可能性。

知识图谱交替学习推荐算法模型框架如图 7－8 所示，其中左侧是推荐系统模块，右侧是知识图谱模块。推荐系统模块以用户和物品的特征表示作为输入，以预测的用户点击概率作为输出。知识图谱模块以一个三元组的头节点和关系表示作为输入，以预测的尾节点表示作为输出，对照实际尾节点进行训练。

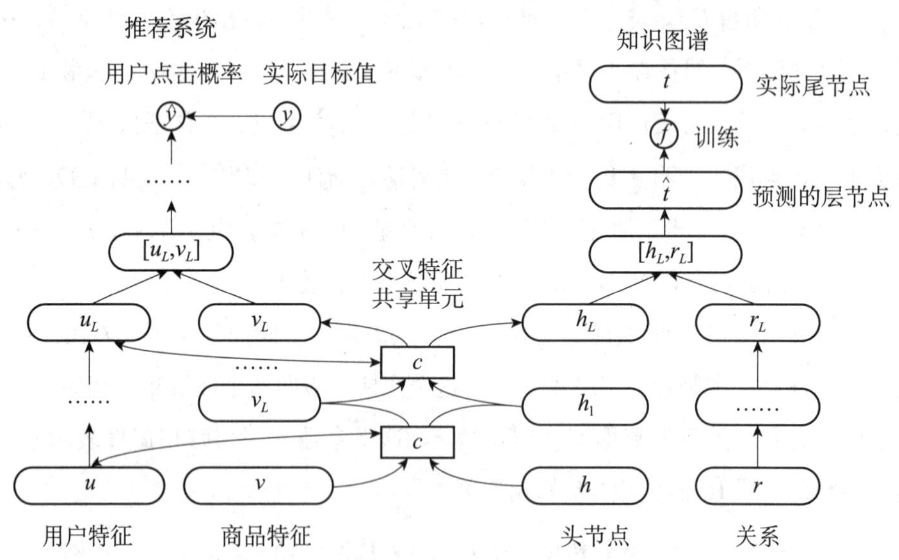

图 7－8　知识图谱交替学习推荐算法模型

我们可以看到模型的左侧不存在训练过程，这是因为我们只展示了知识图谱交替学习推荐算法的前一部分。在实际操作中，我们先固定推荐系统模块的参数，训练知识图谱特征学习模块的参数；然后固定知识图谱特征学习模块的参数，训练推荐系统模块的参数。这种就是交替学习的思想，该推荐算法是一种较新的思路。在实际运用和时间开销方面，交替学习是介于依次学习和联合学习中间的，这是因为训练好的知识图谱特征学习模块可以在下一次训练的时候继续使用（不需要从零开始），但是根据不同的目的依然要重新参与到训练过程中继续训练以得到实体向量。

在推荐系统中引入知识图谱，不仅强化了推荐系统的性能，而且融合了各领域的知识。我们相信未来基于知识图谱和推荐系统结合的研究会广泛吸引研究者的注意，二者的结合一定会对知识学习带来新的突破。

要以大数据思维检测和分析海量的社会网络上的电子商务大数据，通过社会网络知识图谱的形式构建个性化推荐系统，为电子商务平台提供实时、精准、智能的用户偏好挖掘与分析服务，建立用户知识图谱，并基于用户反馈对推荐性能进行评估，进一步调整推荐产生器，以适应用户偏好，在提高推荐结果多样性的同时保持较高的推荐准确性。进而帮助电子商务企业更好地理解用户，减少用户查找商品的时间和次数，帮助用户快速地做出决策，并提高用户（消费）满意度和留存率，提高网站的转化率、点击率和用户满意度，激活和留存实体用户，为电子商务社会网络企业提供基于知识图谱的大数据受众分析，并精准推广，构建商业智能决策的多元化解决方案，最终实现企业销售量及利润的增长。

基于社会网络图谱的电子商务活动，突破了传统商业活动的限制，可以免受时间与空间的限制，具有高效性和直通性。通过电子商务平台可以满足厂家、企业以及用户的多元需求，信息获取更具时效性和便捷性，对于市场的了解也更为充分，为商业活动的开展提供了优良的条件，能够适应新时期电子商务的处理要求以及全球市场的发展和变化。同时，可以提升整个商务运作体系的现代化水平，优化商务流程，整合资源，促进商务经营优化升级，确保彼此之间相互促进，从而推进电子商务活动的高效开展。此外，还能有效且及时地响应用户需求，挖掘用户潜在需求，在供需链条的双向上创造价值。在智能制造的大趋势下，社会计算、大数据技术在工业领域的集成创新和应用，通过电子商务社会网络图谱智能构建及示范，在持续提升电子商务公司行业应用产品的核心竞争力的同时，将极大地引领和推动工业企业实现智能制造的目标。

电子商务社会网络知识图谱的构建和使用，在满足大数据时代的数据处理需求的同时，通过整合数据来明确数据之间的价值联系，为决策制定提供信息支持，为电子商务发展提供决策依据与意见参考，满足企业、用户及相关机构的实际需求，提高电子商务运行的效率，推动我国劳动生产率的提高，推动电商发展迈向智慧商业新阶段，是对现有劳动力和实物资产进行的有力补充和提升，提升员工能力，提高资本效率，是人工智能技术应用于电子商务的主要表现，有助于提升电子商务的智能化与人性化水平，为电子商务发展提供可靠的技术支持。同时，这样做有助于实现劳动生产率的迅速、大幅度的跨越式发展，推动社会经济形态从硬件经济、软件经济向智慧经济过渡，推动产业结构由资源和劳动密集型向资本和技术密集型的演进，为我国供给侧结构性改革提供新视野。

目前，在现代社会发展条件下，电子商务面临着更为严峻的形势，因此对资源与科技也提出了多样化的要求。未来在知识图谱的基础上，需加大人工智能技术的力度，通过人工智能技术应用来推进电子商务发展，进而推动社会进步、经济发展和文化提高，提升我国的综合竞争力。

Knowledge
Graph

第 8 章　社会网络知识图谱在医疗领域的应用

8.1　医疗知识图谱的基本概念

近年来，医疗信息系统、电子病历等数字化平台逐渐普及，积累了海量的医疗数据。如何高效利用海量的医疗信息资源是难点所在，比如，如何将非结构化数据转变为有利于挖掘的结构化数据，如何根据类似的症状查询出患者群体，以及不同来源的医疗知识库之间如何有效关联，等等。传统的专家系统技术已经不能应对如此大规模的应用需求。2012 年，谷歌提出了知识图谱的概念，给医疗领域的数据挖掘带来了新的突破口。知识图谱能够有效解决医疗大数据中的知识碎片化和多源异构等问题，提供高效整合和组织医疗知识的途径。将知识图谱应用于医疗领域将会推动传统医疗向智能医疗转型，有望带来更高效、精准、便民的医疗服务。

知识图谱主要分为通用知识图谱和领域知识图谱两大类。两类知识图谱本质相同，其区别主要在于覆盖范围和使用方式方面。通用知识图谱可以看成一个面向通用领域的结构化百科知识库，其中包含大量现实世界中的常识性知识，侧重于覆盖面的广度。领域知识图谱，又称垂直知识图谱或行业知识图谱，面向某一特定领域，可看成是一个基于语义技术的行业知识库。其依托行业数据构建，有着丰富而严格的数据模式，所以对该领域知识的深度、准确性和完备性有着更高的要求。

医疗知识图谱就是领域知识图谱的一项落地实践，从医学文献、临床试验、电子病历等结构化和非结构化医疗数据中抽取出医疗实体、关系、属性等知识图谱的组成元素并采用合理高效的存储模式。知识融合是对医疗实体进行消歧和链接，有助于增强知识图谱的语义表达能力和内部的逻辑性。知识推理推断隐性的医疗知识并且进行知识清洗，避免不一致的情况。同时，医疗知识图谱还需要定期更新和质量评估。医疗知识图谱构可以自动辅助医生完成疾病诊断、确定治疗方案和推荐用药等工作。

医疗知识图谱主要具有以下几个特点：

①数据来源多：医学文献、电子病历、互联网文章、在线医患问答、医疗知识库等。

②数据类型多：结构化、半结构化、非结构化数据，且后两者居多。

③数据量巨大：在大数据背景下，医疗领域的数据量通常以亿级别计算。

④数量质量良莠不齐：医学科普文章和文献有时出现错误或过时的知识，而医疗行业准确度要求高、专业性强，因此医疗专家的人工介入必不可少。

8.2 医疗知识图谱的数据获取

目前很多公司都已经构建了属于自己的知识图谱（袁凯琦等，2018），例如IBM的Watson Health、搜狗的AI医学知识图谱APGC、阿里健康的“医知鹿”医学智库等医学知识图谱。伴随着卫生信息化及医疗信息技术的发展，医疗机构已经积累了海量的医学数据，如果能从这些数据中剔除无效信息、精炼有效信息并且加以应用，就能对医疗智慧化存在一定的推进作用。而智慧医疗辅助包括医学知识检索、辅助诊疗、医疗质量控制、电子病历及健康智能化管理应用等，智慧医疗辅助对于提高医生诊疗水平、加快患者就诊效率具有很大的帮助。

相比通用知识图谱，医疗知识图谱对数据质量的要求更高，并且医疗数据字段和数据关联更丰富。通用知识图谱的构建方式一般是自底向上，更强调数据的宽度，如构造DBpedia时，先有数据，后有本体。而对于医疗领域来说，基于数据质量和医疗领域本身的规范性要求，将使用自顶向下的方式。医学知识图谱的构建流程可以归纳为医学知识抽取、医学知识融合以及医学知识计算。医学知识抽取是从大量结构化、半结构化或非结构化的医学数据中提取出实体、关系、属性等构成知识图谱的元素，并将其用最为合理的方式建立相互之间的联系并存储进知识库中；医学知识融合是对建立好的知识库中知识的整合，使得知识库内部具有一定的逻辑性和表达能力，方便日后使用。医学知识计算则是在已有的知识库基础上借助知识推理，推断缺失事实，可以自动完成疾病诊断和治疗。医学知识图谱技术主要用于临床决策支持系统、医疗智能语义搜索引擎、医疗问答系统等。医疗知识图谱的生命周期主要包含五个重要环节：知识表示、知识获取、知识融合、知识推理和质量评估，并且这五个环节是不断更新迭代的。

1. 医疗知识表示

传统医疗知识库的知识表示方法有框架表示法、语义网表示法、产生式表示法、谓词逻辑表示法等，比如早期的 MYCIN（给药推荐系统）、SNOMED CT（医学术语系统命名—临床术语）等。随着知识规模的迅速扩大，这些知识表示方法的表达能力和灵活性较弱，严重依赖专家，代价高昂，难以适应互联网时代的大规模开放应用的需求。后来，知识图谱技术的引入给医疗知识表示带来了新的发展方向。

三元组是知识图谱的通用表示形式，主要包括“实体—关系—实体”和“实体—属性—属性值”两种类型。“实体—关系—实体”型是指不同的实体或概念之间的关系，“实体—属性—属性值”型则是指实体或概念与其关于某项属性意义上对应的内容之间的关系。具体而言，医疗领域的实体可用一个全局唯一确定的 ID 来标识，主要包括以下方面：医生名称、医学学位名称、医学机构名称、医院名称、医学文献名称、疾病名称、症状名称、发病器官名称、药品名称、病毒名称、细菌名称、治疗方式名称、手术名称、检查项目名称、检查指标名称等。医疗领域的属性主要包括：患者年龄、性别、是否怀孕、是否发病、发病时间、症状程度、发病部位、检查结果阴阳性、发病频率、疾病史、过敏史、家族史等。医疗领域的关系刻画实体间的关联，比如，针对医生和疾病实体有“擅长治疗”关系，针对检查项目名称和检查指标名称实体有“包含”关系和“不包含”关系，针对医生和医院实体，有“任职”关系，等等。

在现实生活中，医疗知识实体之间的关联关系具有不同的粒度和强度。例如，＜疾病名称，引起，症状名称＞这一关系会包含例如＜阑尾炎，引起，腹痛＞的粗粒度实体对，也会包含＜急性阑尾炎，引起，持续性胀痛＞和＜慢性阑尾炎，引起，间断性隐痛＞的细粒度实体对，对于＜阑尾炎，引起，腹痛＞

的关系要比＜阑尾炎，引起，腹泻＞强一些，因为腹痛是阑尾炎的典型症状。因此，让机器理解实体之间关系的共性和差异性也是一个巨大的挑战。

三元组形式虽然受到广泛的认可，但是在实际应用中会出现计算效率低、数据稀疏等问题。随着机器学习、深度学习等表示学习技术的发展，可以用建模方法将医疗实体和关系表示在低维稠密向量空间中，有效解决数据稀疏问题，提高计算效率和推理性能。医疗知识表示按照计算方式可以分为距离平移模型和语义匹配模型。其中，距离平移模型采用基于距离的评分函数对事实的合理性进行评判，具体包括翻译模型（TransE）和其延伸出的复杂关系模型（TransH、TransR、KG2E）等。语义匹配模型包括单层神经网络模型（SLM）、双线性隐变量模型（LFM）、神经张量模型（NTM）、矩阵分解模型（MF）等。

近年来，医疗领域的迅速发展对于利用更加多元的知识表示、增强知识图谱的语义表达能力提出了需求。未来医疗知识表示有两大发展趋势：一是在时间和空间上拓展和表达。很多医疗知识和事实是有时空条件的，比如，“登革热（急性虫媒传染病）”主要于每年的5—11月份在热带和亚热带地区流行，且潜伏期和发作期症状不同。完善医疗知识图谱的时空属性将会对医生的诊断有一定的指导意义。二是增强知识图谱的跨媒体语义表示。当前医疗知识图谱主要以文本为主，但是实际应用中需要结合有关实体的多种媒体表示方式，包括图片、声音、视频等，比如不同皮肤病症状实体可以和对应的临床图片联系在一起，帮助医生快速诊断。跨媒体表示可以通过定义相关的属性实现。此外，知识图谱作为语义网络，侧重表达实体、概念之间的语义关联，还难以表达复杂因果关系与复杂决策过程，因此结合医疗领域实际需求增强语义表示将是未来一段时间知识表示的重要任务。

2. 医疗知识获取

（1）医疗知识来源。

医疗领域的数据主要来自四大方面：

a. 权威医学文献和著作，如《国家基本药物处方集》、卫建委颁发的疾病诊断标准、国家中医药管理局《中华本草》编委会编撰的《中华本草》、中华医学会编写的《临床诊疗指南》等。

b. 医院信息系统数据，如电子病历数据、临床数据等。

c. 国内外权威医疗知识库，如中医药信息研究所开发的中医药知识库等。

d. 互联网数据，如科普文章、医患问答数据等。

前三者主要用于构建知识图谱，训练诊断逻辑。互联网数据主要用来做患者语言理解。患者可能有一些口语化的描述，比如“脸上有小疙瘩”，这些词在医学上没有对应匹配，需要计算理解。医患问答数据有助于医疗知识图谱在搜索引擎、问答系统、决策支持系统等领域的文本理解高级应用。

（2）医疗知识抽取。

医疗知识抽取是面向开放的医疗数据，通过人工或自动化的方式抽取出有用的知识单元，其中包括实体、关系和属性这三个要素，然后生成高质量的事实表达，有助于上层模式层的构建。

人工抽取方式是依据一定规则收集整理相关医疗信息并提取知识，目前包括临床医学知识库 SNOMED CT、ICD-10 等。自动抽取方式是通过数据挖掘、人工智能等技术从医疗信息中自动抽取基本单元。自动抽取是目前的研究热点，也是未来的主流方式。人工抽取方式的时间和金钱成本较高，也需要大量的医学专家参与，已逐渐被自动抽取方式取代。下面主要介绍如何自动从医疗数据源中抽取知识，按照知识单元的要素类型可分为实体抽取、关系抽取和属性抽取。

①实体抽取。

医疗领域的实体抽取是从多源异构的医疗数据源中抽取出特定类型的实体，主要抽取方法分为三类：

a. 基于医学词典及规则。

该方法基于医学词典由专家人工定义规则，并采用模式匹配技术从医疗数据源中抽取医疗实体。但是，该方法在具体实施过程中具有极大难度。首先，目前没有字典包含所有类型的医疗实体，所以文本匹配算法存在死角，无法识别所有实体；其次，医学短语的含义根据语境的改变而指代不同实体，同一短语进行文本匹配时可能出现不同结果，等等。因此，早期普遍使用的基于医学词典及规则的抽取方法已经无法适应目前医疗领域新词汇不断涌现的实际情况。

b. 基于传统机器学习方法。

该方法基于传统机器学习方法，利用医疗数据源的特点训练模型，进行实体识别。常用方法有隐马尔可夫模型（HMM）、最大熵马尔可夫模型（MEMM）、条件随机场（CRF）模型等。在医疗领域，命名实体识别的难点在于人工标注的代价昂贵且数据质量良莠不齐。目前解决方案是利用主动学习的思想，即模拟人类学习的过程，借助已有的知识主动寻找最具价值的数据样本并获取标记信息，从而获得新知识。然后，通过不断积累的知识去修正模型，生成一个交互学习的过程，进而得到更加准确的新模型。

c. 基于深度学习方法。

深度学习近年来开始被广泛应用于命名实体识别，最具代表性的模型是CNN和RNN模型。具体来说，模型首先将字段从离散的独热（one-hot）表示映射到低维空间中成为稠密的嵌入式表示，随后将句子的嵌入向量序列输入CNN或RNN，用神经网络自动提取特征，再使用Softmax函数（归一化指数函数）来预测每个字段的标签。这是一种数据驱动的方法，不依赖特征工程，但缺点是每个字段是独立打标签的，不能直接利用上文已经预测的标签，所以结果可能无效。不过，在神经网络的输出层接入CRF（条件随机场）模型层，利用标签转移概率可以解决这个问题。

目前，医疗命名实体识别主流的深度学习模型是BiLSTM-CRF模型。BiLSTM是双向LSTM，是RNN的特殊形式，考虑上下文影响且解决长距离依赖问题。

②关系抽取。

医疗实体关系抽取是判断两个实体是否存在某种语义上的关联。目前，医学实体关系抽取主要归结为三类：基于模式匹配的方法、基于传统机器学习的方法和基于深度学习的方法。

a. 基于模式匹配。

早期的关系抽取主要是通过人工构造语义规则以及模板匹配的方法识别实体关系。典型应用有上下位关系匹配法。上下位关系指的是is-a和part-of等简单的层次间关系。SNOMED、ICD-10等医疗数据库或词典涵盖了医疗专业术语的概念标准化和分类任务，层次清晰，数据质量高、覆盖范围广并且行业认可度高。因此，可以利用这些数据库提供的接口，采用正则表达式、爬虫等技术从中抽取三元组来匹配上下位关系。

基于模式匹配的方法可以准确识别出符合模板的实体关系，但是很难识别模板之外的实体关系。而不同关系类型或者不同医疗数据源的文本表述特点不一致，因此规则模板的召回率低、泛化能力有限，所以代价很高。

b. 基于传统机器学习。

基于传统机器学习的方法将关系抽取转换成一个分类问题，需要人工设计丰富的特征来优化分类性能，比如实体之间的路径信息特征、词特征。另外一种方法是设计自定义核函数。核函数是支持向量机（SVM）的关键部分，可以将两个实例映射到高维空间中，有助于计算相似度，进行关系的分类。

传统机器学习方法仍需要人工设计核函数或者特征，所以代价相对较高。

c. 基于深度学习。

传统机器学习方法多采用串联抽取的方法，即在实体抽取的基础上再进行实体之间关系的识别，但是可能产生误差累积。因此，可以采用基于神经网络的端到端联合模型方法，对实体抽取和关系抽取两个任务的网络通过共享参数的方式进行联合学习，这样进一步提高了效率和准确率。这也是日后关系抽取的重点发展方向。

③属性抽取。

属性抽取是指对属性和属性值对的抽取。属性抽取是对医疗实体多方面特性的刻画，如药品的规格、副作用、适用症、价格等。实体的属性类似于实体和属性值之间的名称性关系，因此属性抽取可以采用关系抽取的方法。

8.3　医疗知识图谱的结构分析

1. 医疗知识融合

知识融合指对不同来源的知识进行对齐、合并，形成全局统一的知识标识和关联。知识融合体现了开放链接数据中互联的思想，优秀的融合方法能有效避免信息孤岛，使知识的连接更加稠密，提升知识应用价值，因此知识融合是构建知识图谱过程中的核心工作和重点研究问题。

医疗知识图谱中的知识融合包含两个方面：数据模式层的融合和数据层的融合。数据模式层的融合包括概念合并、概念上下位关系合并以及概念的属性定义合并。数据模式通常依靠医疗专家人工构建或从可靠的结构化数据中映射生成，并且在映射的过程中会通过设置融合规则来确保数据的统一。数据层的融合包括实体合并、实体属性融合以及冲突检测与解决等。

进行医疗知识融合时需要考虑如何实现不同形态、不同来源的知识的融合，如何对海量知识进行高效融合，如何进行多语言融合以及如何对新增知识进行实时融合等问题。

本节主要介绍医疗知识图谱融合的两个重要环节：实体对齐和知识库的融合等。

①实体对齐。

实体对齐是确保多源异构数据中的实体指向现实世界同一对象的过程。医疗知识图谱中知识的多源异构性导致了知识间关联不够明确、知识质量参差不齐、重复率高等问题。医疗实体在不同数据源中存在着严重的多元指代问题，例如青霉素在百度百科中称为青霉素钠，在 A＋医学百科中别名有盘尼西林、配尼西林等，英文名有 peillin G 等。因此，实体对齐是知识融合中的关键一环。

当不同知识源的数据发生数据冲突时，需要考虑医疗知识源的可靠性和不同知识在各医疗知识源中出现的频率等因素。在构建医疗知识图谱时可以基于数据在各来源中出现的频率对数据项排序，并添加到对应的属性值字段里，从而可以对知识源的可信度进行评分。

目前，实体对齐主要有成对实体对齐和集体实体对齐两种方法。成对实体对齐方法只考虑实例及其属性相似度，而集体实体对齐是在成对实体对齐的基础上，将实体间的相互关系加入计算实体相似度的过程中。成对实体对齐方法有层次图模型、支持向量机分类模型等，集体实体对齐方法有 LDA 模型、向量空间模型、贝叶斯网络模型等。随着知识图谱规模的扩大，如何高效准确地实体对齐是未来知识融合的研究重点之一。

②知识库的融合。

知识图谱的构建经常需要融合多种不同来源的知识库。知识库的异构性和多样性来自需求和设计模式的不同。对于复杂的医疗知识图谱来说，当前多数知识库都是针对某类药物或疾病来构建的，比如中医药知识图谱、脑科学知识图谱等。如果要得到更全面的医疗知识图谱，就需要融合不同的医疗知识库，而且要将尚未覆盖的知识面以及新涌现的知识融合进已存在的知识图谱中。所以，医疗知识图谱的构建是更新迭代的过程。

医疗知识图谱的知识融合也可以借助众包的方式。目前医疗领域知识图谱的融合仍需要大量专家干预，高效的知识融合技术有待今后进一步研究。

2. 医疗知识推理

知识推理是基于已知的知识图谱推导新的实体跟实体之间的关系。知识图谱推理主要分为基于符号的推理和基于统计的推理两种。基于符号的推理通常是基于经典逻辑（命题逻辑或一阶谓词逻辑）或者经典逻辑的变异（比如缺省逻辑），可用于建立新知识或针对知识图谱进行逻辑的冲突检测；而基于统计的推理通常指关系机器学习方法，也就是基于统计规律从知识图谱中学习新的实体间的关系。因此，知识推理在知识计算应用中起到重要作用，例如知识分类、知识补全、知识校验、知识链接预测，等等。

在医疗知识图谱中，知识推理有助于医生搜集病患数据、诊断与治疗疾病以及降低误诊率等。此外，对于相同的疾病，医生也需要根据病人实际状况做出对应的诊断，即医疗知识图谱拥有复杂的分支和网络结构，这就大大增加了构建医学推理模型的难度。例如，对于同样的感冒症状，部分药物或治疗方案不适用于特殊人群，比如孕妇。

传统的知识推理方法包括基于逻辑推理、基于规则推理以及基于案例推理等。虽然其在一定程度上推动着医疗知识图谱的发展，但是也存在数据准确率和利用率低、学习能力不足等缺陷，达不到实际应用的需求。

但是随着数据规模的迅速增长，传统医疗知识推理方法还会出现诊断速度下降和信息遗漏等问题，而深度学习对于从海量数据中挖掘有用信息有着巨大优势，端到端的模型提高了知识推理的效率。常用模型包括人工神经网络模型、反向传播网络模型和遗传算法，等等。

传统知识推理方法和深度学习方法都将知识图谱视作图，将医疗实体看作节点，将实体间关系看作边。因此，图挖掘的算法也可以迁移到知识推理上来，比如利用两个实体间关系路径中蕴含的信息，分析语义关系。常用算法包括路径分级算法、路径约束随机游走算法等。

3. 医疗知识质量评估

知识图谱的质量是构建的核心问题。知识图谱的质量可能存在三个基本问题：缺漏、错误、陈旧。

首先，对于缺漏问题，自动化构建无法做到完整全面，因此需要利用补全方式来提高知识图谱的质量。补全既可以基于预定义的规则，也可以通过外部互联网文本数据进行补充。其次，对于错误问题，自动化获取知识难免会引入错误。根据规则进行纠错是基本手段。知识图谱的结构也可以提供一定的信息帮助推断错误关联。例如，在由概念和实例组成的 Taxonomy 中，理想状态是有向无环图。假如环存在，那可能存在关联错误的情况。此外，对于陈旧问题，实际应用过程中会不断得到反馈，可以输入这些反馈来进一步改善知识图谱。除了上述自动化的闭环流程，还应充分考虑人工干预，比如一旦发生局部知识的缺漏或陈旧，可以借助特定编辑工具来实现知识的添加和修改，也可以利用众包方案获取知识，这种方案涉及知识贡献的激励机制。

相比通用领域的知识图谱，医疗知识图谱的评估存在以下三个特点：

①多角度评估。

医疗知识图谱是融合医学、人工智能等领域的交叉学科，评价指标不能仅仅按照某单一学科的指标，而应该综合考虑诸学科的因素。鉴于医学的专业性和严谨性，评估往往根据具体的应用场景，综合多种方法进行多角度的评估。例如，需要评估医疗知识图谱的动态性，比如能否自动识别新药物；需要评估知识图谱的实体和关系的颗粒度，比如包含疼痛指数分级的多个实体，而不是单一疼痛症状实体。

②需设置等级较高的警告。

同一疾病的治疗手段具有个体差异，如青霉素过敏、女性怀孕等因素会对治疗方案产生极大影响。所以，等级较高的警报是必需的，比如药物过敏警报、抗生素—病毒不匹配警报、治疗方案—临床症状不匹配警报等。

③医学专家参与度高，更注重知识准确性和全面性。

医疗知识图谱覆盖内容的准确性和全面性将直接影响临床决策支持的可信度。医学专家的参与不仅在知识质量评估上起到关键作用，还贯穿知识图谱构建的整个生命周期。

8.4　医疗知识图谱的典型应用

1. 医疗信息搜索引擎

搜索引擎的建立主要就是为了方便用户查找、搜寻。医疗信息语义搜索就是利用搜索引擎，从海量的医学数据中提取出有效的生物医学信息，帮助建立大规模医学知识库。主要方法是对用户搜索的关键字和内容做语义标注，紧接着利用医学知识图谱构建的知识网络体系检索所标注的关键字和内容，在对相关的实体对、实体关系及属性进行扩展查询时，可以提供丰富的检索结果、改善医疗信息搜索结果。目前，国内外的医疗信息语义搜索引擎包括 Healthline、Google Health、搜狗名医、360 良医等。

①搜索引擎框架。

随着计算机的普及和互联网技术的发展，搜索引擎正成为人们获取医学知识的重要渠道之一。虽然方便高效的网络科普方式受到人们的认可，但是传统的医疗搜索也存在很多令人诟病的问题：a. 网络医疗数据不仅信息混杂而且难辨真假；b. 海量信息中的权威医疗知识匮乏，并且知识容易被分散，导致搜索引擎难以检索到有效信息；c. 医学专业术语通常未经过特殊语言处理，生涩难懂，因而与多样化、口语化的用户语言之间存在鸿沟，智能检索匹配不精准。例如，传统搜索可能出现医疗广告，从而对民众有误导作用；此外，搜索引擎依靠点击量与排名显示词条，而权威医疗信息需要耗费时间与人力成本，上传互联网需要一定周期，因此可能被流水线化的医疗科普文章淹没；用户用自然语言查询“长痘怎么办”的时候，对应的医学术语则可能为“痤疮”，匹配难度增加。

医疗知识图谱的出现将会极大地改善上述问题。首先，医疗知识图谱虽然主体是自动构建的，但是也经过了权威专家的人工审核。当搜索框上里输入疾病或相关症状时，医疗信息搜索引擎将会出现关于该疾病的权威词条，内容包括具体症状、病因、诊断结果等详细信息。其次，医疗知识图谱中医疗实体以及实体间的关联有着较为丰富的语义表达，因此具备较强的推理能力。比如，根据用户输入的症状，搜索引擎不仅会列出疾病的详细症状、诊断结果等信息，而且会推理出用药参考、注意事项，甚至推荐距离用户最近的相关医院和就诊科室。基于医疗知识图谱的搜索引擎的基本框架见图 8-1。

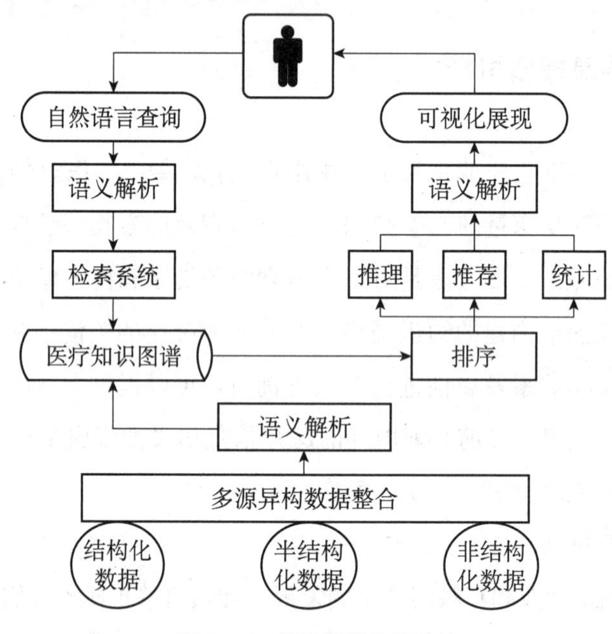

图 8-1　搜索引擎框架图

基于知识图谱的搜索引擎已成为搜索引擎的主流形式，其技术框架也在不断更新和完善，已取得很大进展。不过，当前医疗搜索引擎主要受限于医学知识图谱的知识覆盖面和质量问题，所以构建全面准确的医学知识图谱是重中之重。

②搜索引擎实例。

中国中医科学院中医药信息研究所研发的中医药知识服务平台对中医药知识体系进行系统的梳理、建模和展示。可视化语义图不仅形象地展示了核心概念之间的联系，而且方便用户采用交互的方式浏览领域概念图。此外，还可嵌入语义维基等系统提供服务。

知识图谱的应用能提高中医药知识实体的连通性，支持用户在概念层次上浏览中医领域的知识资源，进一步发现中医药概念之间的潜在联系。例如，中医药知识图谱可以在检索系统中嵌入“知识卡片”。如图 8－2 所示，检索系统会根据用户输入识别出相关实体，展示以实体为核心的局部知识图谱，并简要列出该实体的核心信息。比如，在“杏仁”的搜索结果中列出了其相关知识，包括它的药材基原、药理作用等属性，以及“杏仁”涉及的语义关系。这些语义关系有相关名医、具有的功效、治疗关系等，构成了一个大型的语义网络。通过语义关系，用户可以对中医药知识体系有整体的浏览。中医药知识图谱对 TCMLS 和一系列相关的中医药数据库进行集成，含有较完整的中医药知识体系结构。

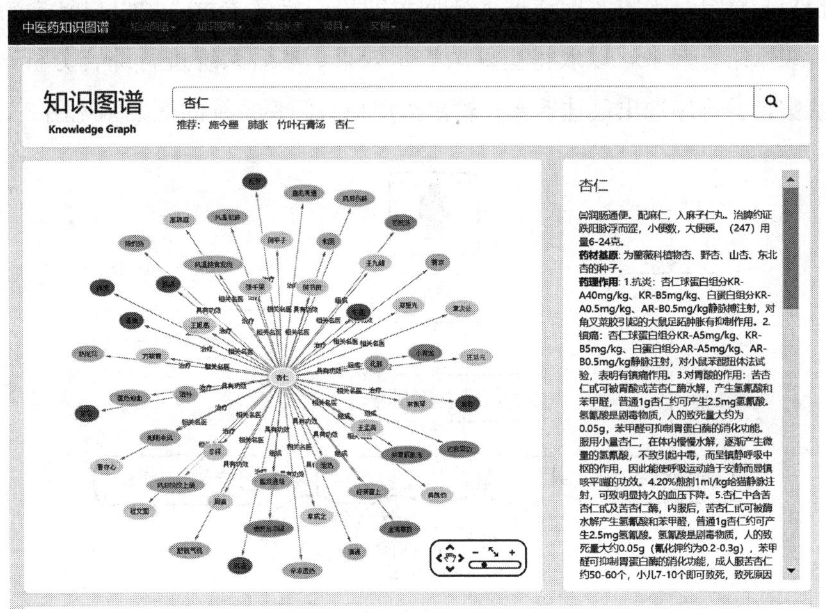

图 8－2　中医药知识图谱示例

资料来源：http：//www. tcmkb. cn/kg/cytoscape. php? keywords＝% E6% 9D% 8F% E4% BB% 81&graph＝tcm _ cases.

2. 医疗问答系统

医疗问答系统是一种高级形式的医疗信息检索系统，可以以准确简洁的自然语言形式解答用户问题。其主要工作原理是简化用户提问，变成自身系统可以理解的语言、长度。主要工作流程就是“分解—搜索—合并”的过程。医疗问答系统将用户提出的问题分解成多个小问题，然后对应地去知识库抽取匹配的答案，并且自动检测答案在时间和空间上的吻合度，最后将吻合的答案合并展示给用户。IBM 的 Watson、微软的小冰都是融合知识图谱的问答系统的代表产品。

①问答系统框架。

医疗问答系统是医疗检索系统的一种高级形式，能够以简洁准确的自然语言形式给用户提供问题的解答。用户提出问题，问答系统能够将问题解析并进行语义表示。语义表示依赖于医疗知识图谱和问答语料库，常见语义表示方法有基于问题模板、符号、子图匹配或嵌入式向量的单一语义表示，也可以选择将两种或多种表示结合起来，以取得更好的表示效果。然后系统进行综合分析，生成候选答案，并排序选出最佳答案，输出给用户。问答系统的框架图见图 8-3。

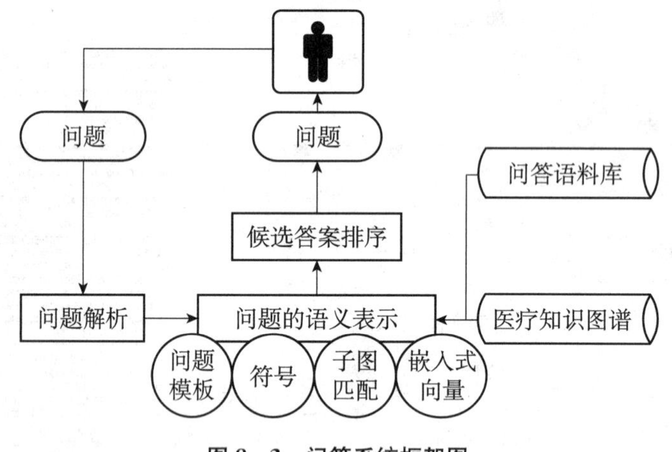

图 8-3　问答系统框架图

②问答系统实例。

MedWhat 是一个专注于健康和医疗领域的智能问答系统。当用户用文字或者语音输入有关健康的问题时，系统就会自动给出治疗建议和注意事项，就像是“医疗界的 Siri”。比如，用户询问流感的症状，MedWhat 不仅会从权威的医疗知识库中引用知识，给予最准确的回答，而且会和用户进行对话，询问用户的性别、年龄、病史、症状等，判断用户是否得了流感。如果是的话，Med-

What 会给出常用药物建议，并建议多吃含有维生素 C 的水果等，还会定期追踪用户的健康状况。同时，MedWhat 还有健康记录功能，比如记录用户的运动步数、睡眠质量、日常服用的保健补剂等。可以通过物联网设备或者手机感应器获取健康记录，并把这些记录关联起来，形成一套专属于用户的完整健康系统。

此外，MedWhat 问答系统虽然还不能完全替代医生，但是能架起用户和医生间沟通的桥梁，提高病人问诊效率。在看医生之前，医生就会对病人的基本症状、过敏史等个人健康情况有全面的了解，就会给出更具针对性的诊断建议和治疗方案，后续定期的追访也可由 MedWhat 代替，从而节省医疗资源。

3. 医疗决策支持系统

知识图谱技术可以辅助医疗行业的大数据分析与决策，主要是可以通过患者的症状、检查结果等数据，经过知识图谱的推演，自动生成诊断，给出治疗方案。知识图谱还可以对医生的诊疗方案进行智能化分析，减低不必要的误诊率。知识图谱辅助的临床决策只是起辅助、参考的作用，医生是否采用还有待于进一步的经验考察和实践检验。

①决策支持系统框架。

决策支持系统（DSS）是指通过人机对话，协助决策者发现、分析和解决问题，提供合理方案，以提高决策准确性的信息系统。

医疗决策支持系统是 DSS 的一个应用分支，可以给医疗工作者或者患者提供专业医疗知识或病例统计信息，促进临床决策，降低误诊率，是提升医疗质量的重要手段，同时还可以控制医疗费用的支出，促进医疗资源的合理分配。

目前，基于知识图谱的医疗决策支持系统通常都由三部分组成：人机交互界面、知识图谱管理模块和医疗知识图谱。框架图如图 8－4 所示。

a. 人机交互界面。医疗工作者或者患者可以输入症状，获得疾病描述、诊疗方案、用药推荐和效果评估等决策支持。

b. 知识图谱管理模块。该部分连接人机交互界面和医疗知识图谱，对自然语言进行解析，方便检索知识图谱，然后对候选方案按合理性排序，最后输出给用户。

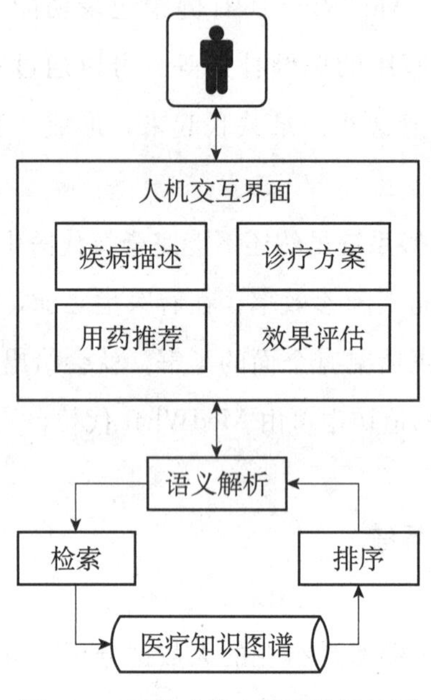

图 8-4　医疗决策支持系统框架图

c. 医疗知识图谱。由来自临床案例库、专业文献等渠道的知识构建而成。

②决策支持系统实例。

北京康夫子科技有限公司成立于 2015 年，是一家专注人工智能在医疗健康领域应用的技术驱动型公司。康夫子研发了“医疗大脑”知识图谱，作为临床决策支持工具。

“医疗大脑”知识图谱的构建过程和中医药知识图谱类似，但比它更“接地气”。它以海量口头化语言组成实际问诊记录为拓展，建立口头医学与文献医学之间的词汇关联，也就是说，将大众对疾病的理解和症状描述精准映射在专业医疗平面上。因此，“医疗大脑”能高效改善医疗服务流程，提高医疗卫生服务水平和行业效率。

康夫子临床智能辅助决策系统的特点为：

a. 数据权威。康夫子问诊机器人的训练数据来自国内外权威的医学书籍、卫健委下发的指南以及海量专业文献、药物说明书、临床案例、病历数据等。

b. 理解患者语言。基于深度学习、语义识别技术构建自然语言理解模型不仅可以准确地理解患者的口语化表述（如：“心脏部位慌乱”对应专业术语“心悸”），而且当出现模糊匹配时，可以让用户进行交互式校对和确认。

c. 知识图谱全面准确。康夫子“医疗大脑”围绕症状、疾病、检查、化验、医院、医生、治疗方案、药物、营养等九大方向构建近百种关系，总计数千万条知识。因此，在智能诊断上常见病典型症状准确率已超过 90%。

8.5　医疗知识图谱的发展困境

医疗知识图谱是建立在多学科领域研究成果的基础之上的一门实用技术。它是医学、自然语言处理、人工智能、信息检索等交叉领域的理论研究热点和应用技术的有机集合，具备巨大的发展空间和广阔的应用前景。

1. 医疗知识图谱的现状

知识图谱在学术界和工业界逐渐普及，并在搜索引擎、智慧问答、推荐系统等应用中发挥着日渐重要的作用。目前，医疗是知识图谱应用最广的垂直领域之一，也是国内外人工智能领域研究的热点，在医疗服务平台、智能决策系统、医疗问答系统等领域中有很好的发展前景。国内外很多研究机构和公司构建了自己的知识图谱，如阿里健康的“医知鹿”医学智库、华东理工大学的中文症状库、中科院自动化研究所的脑科学关联知识图谱、搜狗的 AI 医学知识图谱 APGC，等等。医疗知识图谱的应用是智能医疗的重要一环，有助于解决国内医疗资源分配不均的问题。

2. 医疗知识图谱的挑战

虽然目前有多项医学知识图谱技术的研究，但医学知识图谱构建的关键环节还面临着一些巨大的困难和挑战。

①多源异构数据难以融合。

医疗数据来自多种渠道，如电子病历、医疗文献、在线医患问答等，它们有着不同的数据模式，而且医疗实体在不同数据源中存在严重的多源指代问题。如何在上下文信息受限（跨语境、跨文本等）条件下准确地将文本中的实体正确链接到医学知识库中是当前业界普遍关注的问题。目前已有医疗知识多侧重于单一领域知识，例如脑科学知识图谱、中医药知识图谱等。如何将这些知识库融合成一个全面完整的医疗知识图谱也是一项巨大的挑战。

②知识图谱的语义表达能力较弱。

医疗知识图谱不仅需要关联事实这种简单知识表示，而且需要表达包括逻辑规则、决策过程在内的复杂知识，还需要同时表达静态知识和动态知识，支持知识更新。如何增强知识图谱的语义表达能力以及如何综合多种知识表示来解决实际应用中的复杂问题是非常关键的研究课题。

8.6 医疗知识图谱的发展前景

医疗知识图谱的研究充分利用了海量的医疗数据，为智能医学的上层应用奠定了基础。医疗知识图谱是大数据技术与传统医学的结合，将成为知识图谱和大数据智能科学研究的前沿课题。未来主要有三大发展趋势：

①众包技术。

众包反馈机制巧妙利用网上医学专家的资源，不仅高效提升了知识图谱的质量，还能作为质量评估的补充手段。众包平台与医疗知识图谱的结合不仅可以修正计算机无法识别的错误，而且解决了知识图谱中知识孤岛的现象，知识图谱的性能得到明显提升。例如，寻医问药网、丁香医生等平台都有专业医生解答问题，这些问答数据都可以作为医疗知识图谱构建的语料。另外，如何评估和保障众包的质量也是未来的研究方向。

②交互方式向多元化转变。

传统交互方式多基于关键字检索，以后将逐渐向对话式的处理转变。现有技术对非结构化数据理解能力有限，如口语表达文本等。未来，对自然语言的认知将到达一个新的高度，也会结合其他媒体方式，如视频、语音、图片等，为用户提供准确多元的解答。

③应用将更加普及。

虽然医疗知识图谱技术目前还不够成熟，大多数医疗机构也持观望态度，但是随着理论突破、技术完善和实际应用的不断落地，未来医疗知识图谱势必渗透到日常生活中，成为医疗系统的重要一环，人类社会将迈入“智慧医疗”时代。

Knowledge
Graph

第 9 章　社会网络知识图谱的应用拓展

随着电子信息技术的发展，人们获取大量信息后不再停留在数据层面，为了使数据可视化、可利用，人们开始采用各种先进的可视化技术描述知识资源及其载体，挖掘、分析、构建、绘制和显示知识以及知识之间的相互联系，并将其绘制成科学知识图谱。

9.1　知识图谱在图书情报领域的应用

情报学的概念源于美、英两国，已经经历了 60 多年的发展历程，不断与其他学科融合交叉，引入了许多新的方法和理论。随着人类社会的不断演进，情报学的重要性也不断增加，其作用和研究成果是信息化社会的强大支柱之一。而图书情报学是图书馆业务学科和情报信息学科的结合，知识图谱以其动态清晰、直观形象的特点备受图书情报学研究人员的喜爱。国内已经有很多学者将科学知识图谱应用于图书情报学领域。

科学知识图谱可用来扫描、提取期刊的知识结构和知识特征，生动地揭示刊物内在知识结构变化。科学知识图谱在期刊中的具体应用则体现在以下几个方面（郭颖涛，2016）。

1. 作者合著知识图谱

作者合著是作者科学研究合作的重要表现形式。通过分析期刊作者的合著情况，可以了解刊物的核心作者及其科学研究成果的科研组织形式，可以厘清作者之间的合作关系，发现合作关系背后的科研规律。

2. 机构合作知识图谱

科研合作不仅可以有效实现科技、学术资源最佳配置，还可以极大地提高科研生产力和科研生产率。机构合作与作者合著一样，都是科研合作的一种重要表现形式。通过绘制机构合作的知识图谱，可以看出是否有比较明显的聚类存在，通过聚类所包含的机构，就可以判断文献是否来自同一学术机构，从而帮助我们得出跨机构、跨地域甚至跨学科领域的合作是否存在、是否有利并且是否有待加强的结论。

3. 作者共被引知识图谱

作者共被引是指两个作者在同一篇文献中被引用。共引次数越多，表明作者在不同文献中同时出现的可能性越大，作者之间存在的联系越密切，从而他们很可能属于同一学科，他们所研究问题的相关程度就会比较高。分析作者共被引，就可以识别出文献所属领域以及这一领域的学术共同体。绘制的作者共被引知识图谱中节点越大，代表作者被引次数越多。

4. 期刊共被引知识图谱

期刊共被引知识图谱可以了解该刊的引文环境以及与其他期刊之间知识流动的关系，还可以通过判断该刊的引用次数来判断该期刊的地位如何、在其所属领域是否属于不错的期刊。同时，我们也可以通过聚类为不同期刊分类。

5. 文献共被引知识图谱

文献共被引就是指两篇或多篇文献同时被其他文献引用。文献共被引可以反映两篇文献之间的关系，被引频次越高，表明关系越密切，也意味着两篇文献的研究背景、学科背景越相像。通过文献共被引知识图谱，可以发现研究的演变过程、所涉及的知识来源和知识基础，甚至具体研究领域可能存在的交叉联系。

6. 关键词共现知识图谱

关键词共现分析基于文献所研究的内容特征，分析所研究文献内关键词共同出现的频率及关系。关键词是一篇学术论文的简单概括和中心思想，可以看作是对论文主题的凝练，通过绘制关键词共现时区分布与聚类文献知识图谱可以用简单明了的词汇概括期刊内收录文献的研究重点，从而进一步表明该刊的热点研究领域。

9.2　知识图谱在金融领域的应用

金融是应用知识图谱很广泛的领域，在反欺诈、搜索、营销和银行中均有应用。国外的 DataFox 和 SpiderBook 甚至国内的通联数据等就是利用知识图谱，整合提取的上市公司的数据进行关联分析，来帮助企业或者投资机构分析和预测数据（王渊等，2019）。

如何进行风险管理是金融领域最应该首先考虑的事情，也是一家金融企业最核心的工作任务。不同于传统的信贷风险管理，知识图谱可以将银行所存储的业务、客户等数据用节点和边刻画出来，高效直观地表达拟授信主体之间的关联网络。这样一来，就可以解决许多传统风险管理存在的问题和挑战，更好地为金融机构风险管理工作提供帮助。

1. 关联风险识别

在银行贷款业务中，如果我们无法判断债务申请人是否存在信用危机，对银行来说就存在隐层潜在的风险。在知识图谱中，可以通过节点与节点之间的关系（经营关系、担保关系、投资关系等）进行挖掘，这样一来便可以通过知识图谱进行复杂网络挖掘来判断当前贷款事件这个节点是否合法。

2. 反欺诈

作为金融风险防控的重要部分，反欺诈也一直是金融业要解决的问题。然而在大数据时代，反欺诈存在两个难点：一是结构化和非结构化数据很难整合到一起，这就可能导致不能有效识别出造假等欺诈案件；二是许多欺诈案件之间存在一定联系，这种联系本身就是一种复杂的关系网络，比如组团欺诈，经常会团伙作案、连续犯事，给警务人员造成很大的麻烦。知识图谱作为一种基于“关系”的表达方式，就可以轻松应对上述两个难题。首先，知识图谱可以十分便捷地添加新的数据源；其次，知识图谱本身就将复杂的关系网络简单化、直接化，这种直观的表示方法可以帮助我们更有效地分析复杂关系中存在的特定的潜在风险。

3. 关联担保和多头抵押风险识别

在实际审批过程中具有担保链圈的借款客户很容易爆发风险连锁反应，并集中性偿债违约。因此在信贷审批中，关联担保客户是个十分敏感的词汇。然而，知识图谱的应用可以更加有效地识别出关联担保的潜在风险。基于知识图谱的信贷管理系统可以通过构建的复杂关系网络识别出客户是否存在循环担保和多头抵押。

4. 资金监管

运用知识图谱，我们就可以对账户交易情况实时监管，通过账户及账户间交易和某种交易特征（时间、形式等）挖掘交易网络，了解资金的往来、流通渠道、去向等。

5. 失联客户管理

银行推出借贷业务，就要面临一定的借贷风险，借款人可能会因为不具备偿还能力而出现所谓的“失联”状态，即使通过借款人提供的联系人，也无法联系到本人，导致催收人员无法下手。在这种情况下，我们就可以通过知识图谱建立的复杂关联网络发现更多与“失联”借款人的关系，挖掘出潜在的新联系人，通过新的联系人增加找到“失联”客户的概率，提高催收人的催收成功率。

6. 知识图谱在银行中的应用

知识图谱可以帮助商业银行实现学习型银行、知识型员工、智慧型应用的目标，使知识成为商业银行的关键资产。知识图谱已经可以将银行内部存储的数据、文档、图像、音频等多元异构的知识群转化成为业务服务的智慧（陈大值，2019）。知识图谱作为一种可视化技术，其优势就在于表达复杂关系、进行知识整合、推理演绎，以深度学习能力作为辅助，为银行海量、动态的大数据表达、组织、管理和应用提供一种有效且更加智能化的方式。商业银行可以利用这种技术，将客户的资金交易等关系看作知识网络进行提取、积累，甚至更新和整合。在金融行业里，从知识到智慧的转化使得银行的数据处理能力更接近人类思维，将更有利于金融行业知识库的构建和应用，必定促进银行业的现代化发展和智慧化创新。

9.3　知识图谱赋予机器认知智能

知识图谱作为一种简化真实世界、符合人类思维模式的工具，可以作为实现人工智能的基础。知识图谱对于人工智能的主要价值就在于让机器具备了认知能力，机器认知智能在应用方面体现在精准分析、智慧搜索、智能推荐、智能解释、自然人机交互和深层关系推理等多个方面（刘柳，2018）。

1. 精准分析

在大数据时代，不能准确理解大数据成为限制其发展以及降低其效能的主要难题，还在一定程度上降低了大数据存在的潜在价值。尽管各行各业都积累了规模可观、数量庞大的数据，但若不能将数据转换成价值，就会导致空为其付出了大量的运维成本，再海量的数据也不能成为资产并创造利润。

知识图谱的出现可以为舆情分析、商业洞察、军事情报分析和商业情报分析等基于大数据的精准分析提供方便，将海量的大数据构建关系，剔除无价值的异常无用数据，在网络中创建联系，提供精准化的分析。例如，任何一家制造厂商等制造企业都希望实现个性化制造，从而获得高额利润，以汽车制造厂商为例，基于汽车评价的背景知识，比如汽车的车型、车饰、动力、能耗等构建知识图谱，提取消费者对汽车的褒贬态度、消费者提出的改进建议、竞争品牌等评价与反馈，然后依此为消费者提供按需与个性化定制。

2. 智慧搜索

知识图谱最初就是由谷歌提出用来优化搜索引擎的技术，其优点主要体现为可以准确搜索意图，基于知识图谱的认知智能可以在缺少前后文的时候自己识别出关键词和核心词。另外，搜索的对象已经不仅仅局限于文本，可以是图片、声音甚至代码、视频、设计素材等。搜索粒度可大可小，如段落级、语句级、词汇级的搜索，是传统知识管理文档级搜索的一大飞跃。同时在多个媒体上协同搜索，借助知识图谱联合检索社会网络、地图、文本与图片信息等多个渠道、多种媒体的信息，得出想要的搜索结果。

3. 智能推荐

知识图谱技术使得未来的个性化智能推荐逐渐优化，变成精准感知任务与场景，基于背景知识实现行为与语义融合的推荐。用户的搜索内容背后都体现着其特定的意图，对应着特定的内容、场景和知识背景，基于此建立相应的知识图谱的知识网络就可以实现较为精准的推荐，可以很好地揣摩用户心理，用户对于所推荐的内容也更加有可能信任并接受。有效利用知识图谱这类背景知识，还可以跨越不同平台实现跨领域推荐，比如微博是媒体平台，淘宝是电商平台，尽管二者的语言体系和用户行为是完全不同的，但建立两者相关的知识图谱就实现了跨领域推荐，当经常晒婴儿照片的微博博主登录淘宝时就可以向其推荐母婴产品，如此一来，商业潜力巨大。

4. 智能解释

可解释性决定了人工智能系统在某一领域是否可以成功落地。这是因为可解释性决定了系统提供的结果、推理和决策结果能否被人类接受，因此可解释性成为金融、医疗、司法等诸多领域阻碍人工智能系统真正实现的最后一关。而知识图谱可以帮助人工智能增加可解释性，可解释人工智能的实现可以提升金融领域智能投资决策、信贷风险评估的采纳率，也可大幅提升人工智能在医疗领域确诊方面的采纳率和应用范围。

5. 自然人机交互

自然人机交互就是指需要机器能够理解人类的自然语言。这就要求机器具有较高的认知智能水平以及强大的背景知识，用人类的思维思考问题。知识图谱的引入会使人机交互变得更加简单自然，会话式、问答式交互方式被引入，可能会逐步取代传统的关键字搜索式交互。Google NOW 和 Siri、Amazon Alexa 等语音助手甚至下一代对话机器人将有可能实现代替我们阅读和浏览，甚至代替我们看电影和电视剧，然后回答我们所关心的任何问题，为我们省下不必要花费的时间，可以提高我们的生活品质和效率。

总之，知识图谱将赋予机器认知智能，使人工智能技术成为一种能够落地的、有着广泛且多样的应用需求的、能够产生巨大社会经济价值的技术。它会帮助机器掌握人类思维范围内的政治、经济、法律、医学等专业术语，能够理解和传授复杂的专业技能，缩短社会培养人才所需时间，越来越多的知识工作逐步被机器所替代，这对于节省人类时间从而使得人类利用有限的时间去开发科技含量更高的产品、技术等有着非常大的帮助，对未来社会的发展有着不可小觑的影响力。

9.4 知识图谱在农业领域的应用

党的十九大报告提到，要推动信息化和农业现代化共同发展，而农业信息化已经成为农业现代化的重要组成部分。推进农业走向现代化，必然要使农业与信息相结合，针对我国的农业大数据不断发展扩大、结构越来越复杂的现象，知识图谱作为一种将数据可视化的工具，可以将复杂的农业数据可视化、简单化，便于大众以及农民理解，更有利于促进我国农业化与信息化的结合和共同发展。知识图谱可以构建复杂的知识网络，帮助农民有效、科学地预测对他们来说可能是遥不可及的前沿研究热点，拥有非常高的研究价值和广阔的应用前景，可以使大数据更加亲民化（张青岭等，2019）。知识图谱与农业的结合可以进行数据的有效展示和合理分析，既有助于农业大数据的展示，也有助于发现农业生产规律。

知识图谱可以辅助市场进行决策，帮助政府对农业信息进行信息管理与数据挖掘，向精准农业发展。知识图谱可以将大量分散的、不集中的农业数据资料整合成一个可视化的语义网络，把复杂的、结构化的、半结构化的以及非结构化的数据格式中的农业知识以一种直观的形式展示给农民、农业技术人员和相关决策者。比如，知识图谱可以利用数据挖掘等技术从多源异构数据中抽取知识，绘制知识图谱，建立知识库，在其中存储一些作物知识、土知识、肥料知识、种植注意事项、作物虫害疾病甚至天气条件等各种知识。

9.5 知识图谱在生命科学领域的应用

在生物、医学领域研究一款新的药物的花费是很高的，如何缩短新药的研究周期、降低研发成本是医药公司获取利润的关键。而知识图谱在这方面的应用已经卓有成效（刘柳，2018）。

欧盟第七框架下的开放药品平台 OpenPhacts 项目就是利用整合了来自实验

室的理化数据、各种期刊文献中的研究成果的开放数据形成知识库，来加速药物研制中的分子筛选工作，这样一来缩短了药物的研发周期，从而降低了一定的研发成本。

除此之外，IBM 的登月计划就是通过整合大量医疗文献和书籍以及各种电子病例来获取海量高质量的医疗知识，建立自己的高品质知识库，并基于自己的知识库为医护人员提供辅助临床决策和用药安全等方面的建议和帮助，这也可以看作是智能辅助医疗的应用之一。

蛋白质组学集合了生物技术、分析技术、信息技术和材料技术等先进技术，是 21 世纪生命科学与生物技术的创新前沿技术。结合知识图谱方法就可以帮助我们更加科学地分析蛋白质组学的前沿和演化发展趋势，帮助大众初步了解蛋白质组学及肝脏蛋白质组学的研究内容，同时揭示蛋白质组学国际合作网络的结构特征。

9.6　知识图谱在其他领域的应用

1. 知识图谱在旅游推荐中的应用

知识图谱的许多推荐算法已经在多个领域得到应用并且已经取得了很好的效果，贾中浩等还提出了知识图谱在旅游推荐中的应用，对知识图谱在游客景点相关性评分预测方面进行了一定的研究，提出了利用多源公开数据构建旅游知识图谱的方法。主要方法就是，首先利用景点的多属性特性，构建属性子图知识图谱，对旅游知识图谱中的不同标签进行属性子图建模；然后，使用深度学习方法，找出游客及景点等图节点的特征，对标签语义游客和景点的特征向量完成特征融合；最后，计算游客和景点相关性，并生成景点推荐列表（贾中浩等，2019）。

基于知识图谱特征学习的景点推荐的好处就是推荐的精准性，可以说是一针见血。例如，可以针对不同的季节推荐不同的景点类型。这是因为，对某一问题建立图谱时，当针对不同属性构建子图时，我们考虑到了不同属性的子图具有不同的语义值。因此，推荐应该将景点适宜去游玩的季节也考虑进来作为属性子图。例如，漓江适合夏季游玩，不应该推荐游客冬天游玩。

2. 知识图谱在电网行业中的应用

国家电网公司各系统之间是相互独立的，业务数据无法做到跨专业贯通，因此缺少对数据的梳理和贯通，没有统一的知识库来关联数据，缺乏智能推荐功能。知识图谱可以帮助将数据统一起来，做到数据的智能分析和管理，在全业务统一数据中心使用大数据技术来采集电网多源、多系统间的数据，使用语义标注的方法对结构化、半结构化、非结构化的数据进行知识抽取以获得知识实体、属性和关系，之后再通过知识融合技术来构建知识图谱，根据用户搜索内容来实现智能推荐（王渊等，2019）。这样一来国家电网公司的任何一个系统、任何一个部门想要获取信息，检索出来的都是相互关联、完整的信息，可以促进业务快速有效地完成。

将知识图谱这一技术应用于电网全业务统一数据中心来构建数据之间的关联性，可以实现电网数据的高效性、智能性，保证企业数据的跨业务贯通，助力公司经济效益提升，为电网公司的数据分析模块提供知识基石，也为国家电网的数据维护、数据安全提供保障。

参考文献

[1] Adams P H, Martell C H. Topic detection and extraction in chat, IEEE International Conference Semantic Computing, 581 - 588, 2008

[2] Agichtein, E, Gravano, L. Snowball-extracting relations from large plain-text collections, ACM Conference on Digital Libraries, 2000

[3] Akhmad H, Arry Rahmawan D, Muhammad F. Model conceptualization on e-commerce growth impact to emissions generated from urban logistics transportation-a case study of jakarta, Energy Procedia, 156, 2019

[4] Almind T C, Ingwersen P. Informetric analyses on the world wide web-methodological approaches to webometrics, Journal of Documentation, 53 (4): 404 - 426, 1997

[5] Alzahrani J. The impact of e-commerce adoption on business strategy in Saudi Arabian small and medium enterprises, Review of Economics and Political Science, 2018

[6] Anagnostopoulos A, Kumar R, Mahdian M. Influence and correlation in social networks, ACM SIGKDD, 7 - 15, 2008

[7] Andrea, M, Roberto, N. Integrating syntactic and semantic analysis into the open information extraction paradigm, IJCAI, 2013

[8] Andriole S J. Business impact of web2. 0 technologies, ACM Commun, 53 (12): 67 - 79, 2010

[9] Archak N, Ghose A, Ipeirotis P G. Deriving the pricing power of product features by mining consumer reviews, Management Science, 57 (8): 1485 - 1509, 2011

[10] Ashish N, Knoblock C A. Wrapper generation for semi-structured Internet sources, ACM Sigmod Record, 26 (4): 8-15, 1997

[11] Backstrom L, Huttenlocher D, Kleinberg J, Lan X Y. Group formation in large social networks: membership, growth, and evolution, ACM SIGKDD, 44-54, 2006

[12] Bambauer-Sachse S, Mangold S. Brand equity dilution through negative online word-of-mouth communication, Journal Retailing and Consumer Services, 18 (1): 38-45, 2011

[13] Banko M, Cafarella M J, Soderland S. Open information extraction from the web, IJCAI, 7: 2670-2676, 2007

[14] Barrat A, Barabasi A L, Caldarelli G, et al. Virtual round table on ten leading questions for network research. European Physical Journal B, 38: 143-145, 2004

[15] Bernhard H, Hernan A. Industry 4.0 challenges for business process management and electronic-commerce, Journal of Theoretical and Applied Electronic Commerce Research, 14 (1), 2019

[16] Berry M J, Linoff G. Data mining techniques-for marketing, sales, and customer support, John Wiley and Sons, Inc., 1997

[17] Bhattacharya I, Getoor L. A latent Dirichlet model for unsupervised entity resolution, SIAM International Conference on Data Mining, Society for Industrial and Applied Mathematics, 47-58, 2006

[18] Bhattacharya I, Getoor L. Collective entity resolution in relational data, ACM Transactions on Knowledge Discovery from Data, 1 (1): 5, 2007

[19] Bian J, Yang Y, Chua T S. Predicting trending messages and diffusion participants in microblogging network, ACM SIGIR, New York, 537-546, 2014

[20] Biljana R, Tamara D, Ljiljana K. Drivers of e-business diffusion in tourism-a decision tree approach, Journal of Theoretical and Applied Electronic Commerce Research, 14 (1), 2019

［21］Bollen J，Mao H，Zeng X. Twitter mood predicts the stock market，Journal of Computational Science，1－8，2011

［22］Bordes A，Weston J，Collobert R. Learning structured embeddings of knowledge bases，AAAI，6（1）：6，2011

［23］Bouras C，Igglesis V，Kapoulas V，Tsiatsos T. A web based virtual community-functionality and architecture issues，IADIS，2004

［24］Brain S. Extracting patterns and relations from the world wide web，EDBT，1998

［25］Brown P. Class-based n-gram models of natural language，Computational Linguistics，18（4）：467－479，1992

［26］Buitelaar P. A protege plug-in for ontology extraction from text based on linguistic analysis，European Semantic Web Symposium，2004

［27］Bunescu R，Mooney，R. Subsequence kernels for relation extraction，Advances in Neural Information Processing Systems，2005

［28］Cafarella M J，Banko M，Etzioni O. Open information extraction from the web，US Patent 8938410，2015

［29］Cantador I，Konstas I，Jose J M. Categorising social tags to improve folksonomy-based recommendations，Web Semantics—Science，Services and Agents on World Wide Web，9（1）：1－15，2011

［30］Carlson A，Betteridge J，Wang R C. Coupled semi-supervised learning for information extraction，International Conference on Web Search and Data Mining，101－110，2010

［31］Carnegie Mellon University，NELL，http：//rtw. ml. cmu. edu/rtw，2016

［32］Carsten F，Daniel L，Die entwicklung der gesetzgebung für den e-commerce，Computer und Recht，35（1），2019

［33］Cebi S. A quality evaluation model for the design quality of online shopping websites，Electronic Commerce Research and Applications，12（2）：124－135，2013

[34] Cergani，E，Miettinen，P. Discovering relations using matrix factorization methods，International Conference on Information and Knowledge Management，2013

[35] Cha M，Haddadi H，Benevenuto F. Measuring user influence in twitter：the million follower fallacy，AAAI Conference on Weblogs and Social Media，10：30，2010

[36] Chen L，Tokuda N，Nagai A. A new differential LSI space-based probabilistic document classifier，Information Processing Letters，88（5）：203－212，2003

[37] Chen Y，Fay S，Wang Q. The role of marketing in social media-how online consumer reviews evolve，Journal Interactive Marketing，25（2）：85－94，2011

[38] Chen Y，Xie J. Online consumer review-word-of-mouth as a new element of marketing communication mix，Management Science，54（3）：477－491，2008

[39] Chevalier J A，Mayzlin D. The effect of word of mouth on sales-online book reviews，Journal Marketing Research，43（3）：345－354，2006

[40] Chinchor N，Marsh E. Muc-7 information extraction task definition，Message Understanding Conference，359－367，1998

[41] Christen P. Automatic training example selection for scalable unsupervised record linkage，Pacific-Asia Conference on Knowledge Discovery and Data Mining，511－518，2008

[42] Clark A. Combining distributional and morphological information for part of speech induction，Conference of European Chapter of Association for Computational Linguistics，2003

[43] Clark B H，Montgomery D B. Managerial identification of competitors，Journal Marketing，67－83，1999

[44] Cochinwala M，Kurien V，Lalk G. Efficient data reconciliation，Information Sciences，137（1－4）：1－15，2001

[45] Cohen W W, Richman J. Learning to match and cluster large high-dimensional data sets for data integration, ACM SIGKDD International Conference on Knowledge Discovery and Data Mining, 475 - 480, 2002

[46] Collins M, Miller S. Semantic tagging using a probabilistic context free grammar, Workshop on Very Large Corpora, 38 - 48, 1998

[47] Craig C R, Dale R S. A framework of sustainable supply chain management: moving toward new theory, International Journal Physical Distribution and Logistics Management, 38 (5): 360 - 387, 2008

[48] Daskin M S. Urban transportation networks: Equilibrium analysis with mathematical programming methods, 1985.

[49] Dellarocas C, Zhang X M, Awad N F. Exploring the value of online product reviews in forecasting sales-case of motion pictures, Journal Interactive Marketing, 21 (4): 23 - 45, 2007

[50] Deshpande O, Lamba D S, Tourn M. Building, maintaining, and using knowledge bases—a report from the trenches, ACM SIGMOD International Conference on Management of Data, 1209 - 1220, 2013

[51] Developers N J, Neo4j, Graph NoSQL Database, 2012

[52] Domingos P M, Webb W A. A Tractable first-order probabilistic logic, AAAI, 2012

[53] Domingos P. Multi-relational record linkage, KDD Workshop on Multi-Relational Data Mining, 2004

[54] Dong G. Exploring various knowledge in relation extraction, Annual Meeting of Association for Computational Linguistics, 2005

[55] Dong X, Gabrilovich E, Heitz G. Knowledge vault—a web-scale approach to probabilistic knowledge fusion, ACM SIGKDD International Conference on Knowledge Discovery and Data Mining, 601 - 610, 2014

[56] Dong X, Halevy A, Madhavan J. Reference reconciliation in complex information spaces, ACM SIGMOD International Conference on Management of Data, 85 - 96, 2005

[57] Duan J, Wang X. An integrated social graph to predict online learning performance, International Conference on Computer Science and Education, 2014

[58] Eckhard F, Lydia M. Spirituelle Reume, Spiritual Care, 8 (1), 2019

[59] Eikvil L. Information extraction from world wide web—a survey, 1999

[60] Ernst P, Meng C, Siu A. Knowlife-knowledge graph for health and life sciences, IEEE International Conference on Data Engineering, 2014

[61] Etzioni O, Cafarella M, Downey D. Unsupervised named-entity extraction from the web—an experimental study, Artificial Intelligence, 165 (1): 91-134, 2005

[62] Fader A, Soderland S, Etzioni O. Identifying relations for open information extraction, the conference on empirical methods in natural language processing, Association for Computational Linguistics, 1535-1545, 2011

[63] Fan W, Yeung K H. Virus propagation modeling in Facebook, Advances in Social Networks Analysis and Mining, Odense, 331-335, 2010

[64] Fearn-Banks K. Crisis communications-a casebook approach, Routledge, 2010

[65] Firan C, Nejdl W, Paiu R. The benefit of using tag based profiles, Latin American Web Conference, 32-41, 2007

[66] Fischbach S, Zarzosa J. Big data on a smaller scale—a social media analytics assignment, Journal of Education for Business, 93 (3): 142-148, 2018

[67] Ghosh R, Lerman K. Predicting influential users in online social networks, 2010

[68] Go A, Bhayani R, Huang L. Twitter sentiment classification using distant supervision, Technical Report, Stanford, 2009

[69] Goodman E L, Jimenez E, Mizell D. High-performance computing applied to semantic databases, Extended Semantic Web Conference, Springer Berlin, 31-45, 2011

[70] Goyal A, Bonchi F, Lakshmanan L V. Learning influence probabili-

ties in social networks, ACM Conference Web Search and Data Mining, 207 - 217, 2010

[71] Granovetter M. Threshold models of collective behavior, American Journal of Sociology, 1420 - 1443, 1978

[72] Gruhl D, Guha R, Libenowell D. Information diffusion through blogspace, International Conference on World Wide Web, New York, 491 - 501, 2004

[73] Gu B, Ye Q. First step in social media-measuring the influence of online management responses on customer satisfaction, Production and Operations Management, 23 (4): 570 - 582, 2014

[74] Guille A, Favre C, Hacid H, Zighed D A. Sondy—an open source platform for social dynamics mining and analysis, ACM SIGMOD International Conference on Management of Data, 2013

[75] Guting R H. Graph DB-modeling and querying graphs in databases, VLDB, 94: 12 - 15, 1994

[76] Gyarmati L, Trinh T A. Measuring user behavior in online social networks, IEEE Network, 24 (5): 26 - 31, 2010

[77] Han J, Pei J, Kamber M. Data mining-concepts and techniques, Elsevier, 2011

[78] Hao W, Can D, Kazemzadeh A, Bar F, Narayanan S. A system for real-time twitter sentiment analysis of 2012 US president election cycle, Annual Meeting of Association for Computational Linguistics, 115 - 120, 2012

[79] Harris Z S. Distributional structure, Word, 10 (2): 146 - 162, 1954

[80] He Y, Zhou D. Self-training from labeled features for sentiment analysis, Information Processing and Management, 47: 606 - 616, 2011

[81] Hearst M A. Automatic acquisition of hyponyms from large text corpora, Conference on Computational Linguistics, France, 1992

[82] Herzog T N, Scheuren F J, Winkler W E. Data quality and record linkage techniques, Springer Science and Business Media, 2007

[83] Hong L, Dan O, Davison B D. Predicting popular messages in twitter, International Conference Companion on World Wide Web, Hyderabad, 57 - 58, 2011

[84] Huang Q, Zhou J, Shi Z. Js—a plug-in based on freebase for a knowledge card service, IEEE International Conference on Semantics, 2014

[85] Ingwersen P. The calculation of web impact factors, Journal of Documentation, 54 (2): 236 - 243, 1998

[86] Inouye D. Multiple post microblogsummarization, REU Research Technical Report, 1: 34 - 40, 2010

[87] Iribarren J L, Moro E. Impact of human activity patterns on the dynamics of information diffusion, Physical Review Letters, 103 (3): 038702, 2009

[88] Jain A, Pennacchiotti M. Open entity extraction from web search query logs, International Conference on Computational Linguistics, 510 - 518, 2010

[89] Jenatton R, Roux N L. Bordes A. A latent factor model for highly multirelational data, Advances in Neural Information Processing Systems, 3167 - 3175, 2012

[90] Ji G, He S, Xu L. Knowledge graph embedding via dynamic mapping matrix, Annual Meeting of Association for Computational Linguistics, 1: 687 - 696, 2015

[91] Ji Y K, Xiang Z, Kiousis S. Agenda building effects by 2008 presidential candidates on global media coverage and public opinion. Public Relations Review, 2011, 37 (1): 109 - 111.

[92] Jiang C, Chen Y, Liu K J R. Evolutionary dynamics of information diffusion over social networks, IEEE Transactions on Signal Processing, 62 (17): 4573 - 4586, 2014

[93] Jones C, Hesterly W S, Borgatti S P. A general theory of network governance—exchange conditions and social mechanisms, Academy of Management Review, 22 (4): 911 - 945, 1997

[94] Joshi A, Balamurali A R, Bhattacharyya P. C-feel-it: a sentiment an-

alyzer for micro-blogs，ACL，127－132，2011

[95] Kalloubi F，Nfaoui E H，Beqqali O E. Named entity linking in microblog posts using graph-based centrality scoring，IEEE International Conference on Intelligent Systems—Theories and Applications，2014

[96] Kambhatla，N. Combining lexical，syntactic，and semantic features with maximum entropy models for information extraction，Annual Meeting of Association for Computational Linguistics，2004

[97] Kazakov Y，Klinov P. Advancing ELK—not only performance matters，Description Logics，2015

[98] Keller K L. Brand synthesis—the multidimensionality of brand knowledge，Journal Consumer Research，29 (4)：595－600，2003

[99] Kempe D，Kleinberg J，Tardos E. Maximizing the spread of influence through a social network，ACM SIGKDD International Conference on Knowledge Discovery and Data Mining，Washington，137－146，2003

[100] Ketchen D J，Snow C，Hoover V L. Research on competitive dynamics—recent accomplishments and future challenges，Journal Management，30 (6)：779－804，2004

[101] Kim H，Howland P，Park H. Dimension reduction in text classification with support vector machines，Journal Machine Learning Research，37－53，2005

[102] Kim S M，Hovy E. Determining the sentiment of opinions，International Conference on Computational Linguistics，1367，2004

[103] Ko H C. The determinants of continuous use of social networking sites，Electronic Commerce Research and Applications，2013

[104] Lacoste-Julien S，Palla K，Davies A. Sigma—simple greedy matching for aligning large knowledge bases，ACM SIGKDD International Conference on Knowledge Discovery and Data Mining，572－580，2013

[105] Lao N，Mitchell T，Cohen W W. Random walk inference and learning in a large scale knowledge base，Conference on Empirical Methods in Natural

Language Processing, 529 - 539, 2011

[106] Leitner P, Grechenig T. Collaborative shopping networks—sharing the wisdom of crowds in e-commerce environments, Bled eConference, Bled, 321 - 335, 2008

[107] Li A, Shi Y, He J. MCLP-based methods for improving bad catching rate in credit cardholder behavior analysis, Applied Soft Computing, 3: 1259 - 1265, 2008

[108] Li J, Wang Z, Zhang X. Large scale instance matching via multiple indexes and candidate selection, Knowledge-Based Systems, 50: 112 - 120, 2013

[109] Li Q, Guo X, Zhao X, Bai X. Weekdays or weekends exploring the relationships between microblog posting patterns and addiction, ICIS, 2013

[110] Li X, Snoek C M, Worring M, Koelma D, Smeulders A. Bootstrapping visual categorization with relevant negatives, IEEE Transactions on Multimedia, 15 (4): 933 - 945, 2013

[111] Li X, Snoek C M, Worring M. Learning social image tag relevance by neighbor voting, IEEE Transactions on Multimedia, 11 (7): 1310 - 1322, 2009

[112] Li X, Snoek C M, Worring M, Smeulders A. Harvesting social images for bi-concept search, IEEE Transactions on Multimedia, 14 (4): 1091 - 1104, 2012

[113] Liang X. An effective method of pruning support vector machine classifiers, IEEE Transactions on Neural Networks, 21 (1): 26 - 38, 2010

[114] Liang X, Chen H, Yang J. A method of detecting and monitoring abnormal internet information, US 8185537, 2012

[115] Liang X, Chen R, Guo X. Pruning support vector machines without altering performances, IEEE Transactions on Neural Networks, 19 (10): 1792 - 1803, 2008

[116] Liang X, Ni Z. Hyperellipsoidal statistical classifications in a reproducing kernel Hilbert space, IEEE Transactions on Neural Networks, 22 (6):

968 - 975，2011

[117] Lin D. An information-theoretic definition of similarity，ICML，98：296 - 304，1998

[118] Liu D，Wang W，Li H. Evolutionary mechanism and information supervision of public opinions in internet emergency，Procedia Computer Science，17：973 - 980，2013

[119] Lin H，Jia Y，Wang Y. Populating knowledge base with collective entity mentions—a graph-based approach，IEEE International Conference on Advances in Social Networks Analysis and Mining，2014

[120] Lin H，Jia Y，Wang Y. Populating knowledge base with collective entity mentions—a graph-based approach，IEEE International Conference on Advances in Social Networks Analysis and Mining，2014

[121] Lin Y F，Tsai T H，Chou W C. A maximum entropy approach to biomedical named entity recognition，International Conference on Data Mining in Bioinformatics，Springer-Verlag，56 - 61，2004

[122] Lin Y，Liu Z，Sun M. Learning entity and relation embeddings for knowledge graph completion，AAAI，15：2181 - 2187，2015

[123] Liu X，Song Y，Liu S. Automatic taxonomy construction from keywords，ACM SIGKDD International Conference on Knowledge Discovery and Data Mining，1433 - 1441，2012

[124] Liu X，Yu N. People summarization by combining named entity recognition and relation extraction，Journal of Convergence Information Technology，5 (10)：233 - 241，2010

[125] Liu X，Zhang S，Wei F. Recognizing named entities in tweets，Annual Meeting of Association for Computational Linguistics-Human Language Technologies，359 - 367，2011

[126] Liu Y J，Li Q Q. Superedge prediction—what opinions will be mined based on an opinion supernetwork model，Decision Support Systems，64：118 - 129，2014

[127] Lu S Y, Hsu K H, Kuo L J. A semantic service match approach based on wordnet and SWRL rules, e-Business Engineering, 419 - 422, 2013

[128] Luca F, Barbara C, Lisa C, Federico F, Enrico N, Stefania B. Edible processed insects from e-commerce—food safety with a focus on the bacillus cereus group, Food Microbiology, 76, 2018

[129] Machado A. Drivers of shopping online—a literature review, IADIS International Conference eCommerce, 236 - 242, 2005

[130] Mandy H, Jan P, Julia S, Mandy H. Internet und e-commerce, Computer und Recht, 35 (1), 2019

[131] McCallum A, Wellner B. Conditional models of identity uncertainty with application to noun coreference, Advances in Neural Information Processing Systems, 905 - 912, 2005

[132] Mendes P N, Mühleisen H, Bizer C. Sieve-linked data quality assessment and fusion, EDBT Workshops, 116 - 123, 2012

[133] Meng L, Huang R, Gu J. A review of semantic similarity measures in wordnet, International Journal of Hybrid Information Technology, 6 (1): 1 - 12, 2013

[134] Merhav Y. Extracting information networks from the blogosphere, ACM Transactions on Web, 6 (3): 11, 2012

[135] Mikolov T, Sutskever I, Chen K. Distributed representations of words and phrases and their compositionality, Advances in Neural Information Processing Systems, 3111 - 3119, 2013

[136] Mintz, M. Distant supervision for relation extraction without labeled data, Annual Meeting of Association for Computational Linguistics, 2009

[137] Mohamed, T. Discovering relations between noun categories, Conference on Empirical Methods in Natural Language Processing, 231 - 239, 2011

[138] Moreno C J, Naranjo C R, Sierra M L. Building a virtual e-commerce community, IADIS International Conference e-Commerce, 495 - 500, 2004

[139] Motik B, Nenov Y, Piro R. Parallel materialisation of datalog pro-

grams in centralised, main-memory RDF systems, AAAI, 129 - 137, 2014

[140] Mukherjee S, Bhattacharyya P. Feature specific sentiment analysis for product reviews, Computational Linguistics and Intelligent Text Processing, Springer Berlin, 475 - 487, 2012

[141] Muroya Y, Enatsu Y, Li H. Global stability of a delayed SIRS computer virus propagation model, International Journal of Computer Mathematics, 91 (3): 347 - 367, 2014

[142] Myllymaki J. Effective web data extraction with standard XML technologies, Computer Networks, 39 (5): 635 - 644, 2002

[143] Nakaya, N. A domain ontology development environment using a MRD and text corpus, Conference on Knowledge Based Software Engineering, Maribor, 2002

[144] Navigli, R, Velardi, P. Learning domain ontologies from document warehouses and dedicated web sites, Computational Linguistics, 30 (2): 151 - 179, 2004

[145] Neviarouskaya A, Prendinger H, Mitsuru I M. SentiFul—a lexicon for sentiment analysis, IEEE Transactions on Affective Computing, 2 (1): 22 - 36, 2011

[146] Newcombe H B, Kennedy J M, Axford S J. Automatic linkage of vital records, Science, 130 (3381): 954 - 959, 1959

[147] Newman M E J, Girvan M. Finding and evaluating community structure in networks, Physical Review E, 69 (2): 026113, 2004

[148] Nickel M, Tresp V, Kriegel H P. A three-way model for collective learning on multi-relational data, ICML, 11: 809 - 816, 2011

[149] Nitzan I, Libai B. Social effects on customer retention, Journal Marketing, 75 (6): 24 - 38, 2011

[150] Nowak A, Szamrej J, Latane B. From private attitude to public opinion—a dynamic theory of social impact, Psychological Review, 97 (3): 362, 1990

[151] Pak A, Paroubek P. Twitter as a corpus for sentiment analysis and opinion mining, LREC, 2010

[152] Parra-Santander D, Brusilovsky P. Improving collaborative filtering in social tagging systems for the recommendation of scientific articles, IEEE International Conference Web Intelligence and Intelligent Agent Technology, 1: 136 - 142, 2010

[153] Poyry E, Parvinen P, Malmivaara T. Can we get from liking to buying behavioral differences in hedonic and utilitarian facebook usage, Electronic Commerce Research and Applications, 2013

[154] Prakash B A, Tong H, Valler N. Virus propagation on time-varying networks—theory and immunization algorithms, Machine Learning and Knowledge Discovery in Databases, 99 - 114, 2010

[155] Rajaraman K, Tan A H. Topic detection, tracking, and trend analysis using self-organizing neural networks, Advances in Knowledge Discovery and Data Mining, 102 - 107, 2001

[156] Ramage D, Dumais S T, Liebling D J. Characterizing microblogs with topic models, ICWSM, 10: 1 - 1, 2010

[157] Rau L F. Extracting company names from text, IEEE Conference on Artificial Intelligence Applications, 1: 29 - 32, 1991

[158] Read J. Using emoticons to reduce dependency in machine learning techniques for sentiment classification, ACL, 43 - 48, 2005

[159] Riloff E. Information extraction as a stepping stone toward story understanding, Understanding Language, 1999

[160] Rogers E M. Diffusion of innovation, Free Press, 1995

[161] Ron Papka. On-line new event detection, clustering and tracking, Amherst, 1999

[162] Ronan, C, Weston, J. A unified architecture for natural language processing-deep neural networks with multitask learning, International Conference on Machine Learning, 2008

[163] Ruohomaa S, Kutvonen L. Trust management survey, International Conference Trust Management, Springer, 77 - 92, 2005

[164] Sahami M, Heilman T D. A web-based kernel function for measuring the similarity of short text snippets, International Conference on World Wide Web, 377 - 386, 2006

[165] Sahuguet A, Azavant F. Building light-weight wrappers for legacy web data-sources using W4F, 1999

[166] Saito K, Kimura M, Ohara K. Selecting information diffusion models over social networks for behavioral analysis, Journal of Optical Society of America, 2010, 20 (1): 91 - 96

[167] Sarawagi S, Bhamidipaty A. Interactive deduplication using active learning, ACM SIGKDD International Conference on Knowledge Discovery and Data Mining, 269 - 278, 2002

[168] Schapire R E, Texter B. A boosting-based system for text categorization, Machine Learning, 39 (2 - 3): 135 - 168, 1999

[169] Schmitz M, Bart R, Soderland S. Open language learning for information extraction, Conference on Empirical Methods in Natural Language Processing and Computational Natural Language Learning, 523 - 534, 2012

[170] Schutz A, Buitelaar P. RelExt—a tool for relation extraction from text in ontology extension, International Conference on Semantic Web, Galway, 2005

[171] Schutze H. Automatic word sense discrimination, Computational Linguistics, 24 (1): 97 - 123, 1998

[172] Sharifi B P. Automatic microblogclassification and summarization, Technical Report, University of Colorado, 2010

[173] Shen B, Liu Y. An opinion formation model with two stages, International Journal of Modern Physics C, 18 (08): 1231 - 1242, 2007

[174] Sherchan W, Nepal S, Paris C. A survey of trust in social networks, ACM Computing Surveys, 45 (4): 47, 2013

［175］ Singla P，Domingos P. Entity resolution with markov logic，IEEE International Conference on Data Mining，572－582，2006

［176］ Smeulders A W M，Worring M，Santini S. Content-based image retrieval at the end of early years，IEEE Transactions on Pattern Analysis and Machine Intelligence，22（12）：1349－1380，2000

［177］ Snow R. Learning syntactic patterns for automatic hypernym discovery，Advances in Neural Information Processing Systems，2004

［178］ Socher R，Chen D，Manning C D. Reasoning with neural tensor networks for knowledge base completion，Advances in Neural Information Processing Systems，926－934，2013

［179］ Spiliopoulou M，Ntoutsi E，Theodoridis Y，Schult R. MONIC and followups on modeling and monitoring cluster transitions，Machine Learning and Knowledge Discovery in Databases，622－626，2013

［180］ Spink A，Jansen B J，Pedersen J. Searching for people on Web search engines，Journal of Documentation，60（3）：266－278，2008

［181］ Studer R，Benjamins V R，Fensel D. Knowledge engineering—principles and methods，Data and Knowledge Engineering，25（1）：161－198，1998

［182］ Stutzman F. An evaluation of identity-sharing behavior in social network communities，International Digital and Media Arts，3（1）：10－18，2006

［183］ Su Z，Xu Q，Qi Q. Big data in mobile social networks—a QoE-oriented framework，IEEE Network，2016，30（1）：52－57

［184］ Suchanek F M，Kasneci G，Weikum G. Yago—a core of semantic knowledge，International Conference on World Wide Web，697－706，2007

［185］ Sutskever I，Tenenbaum J B，Salakhutdinov R R. Modelling relational data using bayesian clustered tensor factorization，Advances in Neural Information Processing Systems，1821－1828，2009

［186］ Sznajd-Weron K，Weron R. A simple model of price formation，International Journal of Modern Physics C，13（01）：115－123，2011

［187］Takamatsu S. Reducing wrong labels in distant supervision for relation extraction，Annual Meeting of Association for Computational Linguistics，2012

［188］Talluri S，Baker R C，Sarkis J. A framework for designing efficient value chain networks，International Journal Production Economics，62（1）：133－144，1999

［189］Tan C H，Agichtein E，Ipeirotis P. Trust，but verify—predicting contribution quality for knowledge base construction and curation，ACM International Conference on Web Search and Data Mining，553－562，2014

［190］Tauer G，Rudnicki R，Sudit M. Approximate SPARQL for error tolerant queries on the DBpedia knowledge base，IEEE International Conference on Information Fusion，2013

［191］Tejada S，Knoblock C A，Minton S. Learning domain-independent string transformation weights for high accuracy object identification，ACM SIGKDD International Conference on Knowledge Discovery and Data Mining，350－359，2002

［192］Tian R Y，Liu Y J. Isolation，insertion，and reconstruction—three strategies to intervene in rumor spread based on supernetwork model，Decision Support Systems，67：121－130，2014

［193］Tsai W，Ghoshal S. Social capital and value creation—the role of intrafirm networks，Academy of Management Journal，41（4）：464－476，1998

［194］Tumasjan A，Sprenger T O，Sandner P G. Predicting elections with Twitter—what 140 characters reveal about political sentiment，International Conference on Weblogs and Social Media，178－185，2010

［195］Urban J，Bulkow K. Tracing public opinion online—an example of use for social network analysis in communication research，Procedia-Social and Behavioral Sciences，2013，100（7）：108－126.

［196］Urbani J，Jacobs C. RDF-SQ-mixing parallel and sequential computation for top-down OWL RL inference，International Workshop on Graph Structures for Knowledge Representation and Reasoning，125－138，2015

[197] Villanueva J, Yoo S, Hanssens D M. The impact of marketing-induced versus word-of-mouth customer acquisition on customer equity growth, Journal of Marketing Research, 45 (1): 48－59, 2008

[198] Wang C, Danilevsky M, Desai N. A phrase mining framework for recursive construction of a topical hierarchy, ACM SIGKDD International Conference on Knowledge Discovery and Data Mining, 437－445, 2013

[199] Wang G, Liu Y, Li J, et al. Superedge coupling algorithm and its application in coupling mechanism analysis of online public opinion supernetwork, Expert Systems with Applications, 42 (5): 2808－2823, 2015

[200] Wang X, Lin X, Marilyn K. Exploring the effects of extrinsic motivation on consumer behaviors in social commerce-revealing consumers' perceptions of social commerce benefits, International Journal of Information Management, 2019

[201] Wang X, Zhang L, Li X, Ma W. Annotating images by mining image search results, IEEE Transactions on Pattern Analysis and Machine Intelligence, 30 (11): 1919－1932, 2008

[202] Wang Y, Xiong R, Shen L. Towards learning from demonstration system for parts assembly—a graph based representation for knowledge, IEEE Annual International Conference on Cyber Technology in Automation, Control, and Intelligent Systems, 2014

[203] Wang Z, Zhang J, Feng J. Knowledge graph embedding by translating on hyperplanes, AAAI, 14: 1112－1119, 2014

[204] Watanabe Y, Okaxta Y, Kaneji K, Sakamoto Y. Multiple media database system for tv newscasts and newspapers, Technical Report of IEIGE, Japan, 47－54, 1998

[205] Watts D J. A simple model of global cascades on random networks, The National Academy of Sciences of United States of America, 99 (9): 5766－5771, 2002

[206] Whitelaw C, Kehlenbeck A, Petrovic N. Web-scale named entity

recognition，ACM Conference on Information and Knowledge Management，123 - 132，2008

[207] Wilson T，Hoffmann P，Somasundaran S. OpinionFinder—a system for subjectivity analysis，EMNLP on Interactive Demonstrations，Association for Computational Linguistics，34 - 35，2005

[208] Winkler W E. Methods for record linkage and Bayesian networks，Technical Report，Statistical Research Division，Washington，2002

[209] Wong W，Liu W，Bennamoun M. Ontology learning from text—a look back and into the future，ACM Computing Surveys，44 (4)：20，2012

[210] Wu F，Weld D S. Autonomously semantifying wikipedia，ACM Conference on Conference on Information and Knowledge Management，41 - 50，2007

[211] Wu W，Li H，Wang H. Probase—a probabilistic taxonomy for text understanding，SIGMOD International Conference on Management of Data，481 - 492，2012

[212] Wu F，Weld D. Automatically refining the wikipedia infobox ontology，International World Wide Web Conference，2008

[213] Xiang R，Neville J，Rogati M. Modeling relationship strength in online social networks，International Conference World Wide Web，981 - 990，2010

[214] Xiao H，Huang M，Hao Y. TransG—a generative mixture model for knowledge graph embedding，CoRR，2015

[215] Xie R，Liu Z，Jia J. Representation learning of knowledge graphs with entity descriptions，AAAI，2659 - 2665，2016

[216] Xiong F，Liu Y，Zhang Z. An information diffusion model based on retweeting mechanism for online social media，Physics Letters A，2012，376 (30)：2103 - 2108

[217] Xu K，Wang W，Ren J. Classifying consumer comparison opinions to uncover product strengths and weaknesses，Information Technologies，1，2012

[218] Xu W. Filling knowledge base gaps for distant supervision of relation extraction，Annual Meeting of Association for Computational Linguistics，2013

[219] Xu W, Rudnicky A I. Can artificial neural networks learn language models, Sixth International Conference on Spoken Language, 2000

[220] Xu Y, Liang X, Zhang M. Dynamic transmission modes of online public opinion on subevents clusters of an emergent event, International Conference Management e-Commerce and e-Government, Jinan, 77 - 82, 2017

[221] Yang B, Yih W, He X. Embedding entities and relations for learning and inference in knowledge bases, ICLR, 2014

[222] Yang J, Yao C, Ma W. A study of spreading scheme for viral marketing based on a complex network model, Physica A—Statistical Mechanics and Its Applications, 389 (4): 859 - 870, 2010

[223] Yang Y, Pierce T, Carbonell J. A study on retrospective and on-line event detection, Annual International ACM SIGIR Conference on Research and Development in Information Retrieval, 28 - 36, 1998

[224] Yang Y, Wang Z, Pei J. Tracking influential individuals in dynamic networks, IEEE Transactions on Knowledge and Data Engineering, 2017

[225] Yangarber R. Acquisition of domain knowledge, Information Extraction in the Web Era, 2002

[226] Ye Q, Fang B, He W J. Can social capital be transferred cross the boundary of real and virtual worlds-an empirical investigation of Twitter, Journal Electronic Commerce Research, 2012

[227] Ye Q, Law R, Gu B. The influence of user-generated content on traveler behavior—an empirical investigation on the effects of e-word-of-mouth to hotel online bookings, Computers in Human Behavior, 27 (2): 634 - 639, 2011

[228] Ye Q, Shi W, Li Y J. Sentiment classification for movie reviews in Chinese by improved semantic oriented approach, Annual Hawaii International Conference, 3: 53b - 53b, 2006

[229] Ye Q, Zhang Z, Law R. Sentiment classification of online reviews to travel destinations by supervised machine learning approaches, Expert Systems with Applications, 36 (3): 6527 - 6535, 2009

[230] Yulia V, Poja S, Daniel H, Klas H. Service innovation in e-commerce last mile delivery—mapping the e-customer journey, Journal of Business Research, 2019

[231] Zarghami A, Fazeli S, Dokoohaki N, Matskin M. Social trust-aware recommendation system: a t-index approach, IEEE International Conference Web Intelligence and Intelligent Agent Technology, Washington, 3: 85-90, 2009

[232] Zeng Y, Wang D, Zhang T. CASIA-KB—a multi-source Chinese semantic knowledge base built from structured and unstructured Web data, International Semantic Technology Conference, Springer Cham, 75-88, 2013

[233] Zhang W, Xu H, Wan W. Weakness finder—find product weakness from Chinese reviews by using aspects based sentiment analysis, Expert Systems with Applications, 39 (11): 10283-10291, 2012

[234] Zhang X. Towards accurate distant supervision for relational facts extraction, Annual Meeting of Association for Computational Linguistics, 2013

[235] Zhang Z, Ye Q, Zhang Z. Sentiment classification of internet restaurant reviews written in Cantonese, Expert Systems with Applications, 38 (6): 7674-7682, 2011

[236] Zhiyuli A, Liang X, Chen Y, Shu P, Zhou X. Joint learning of evolving links for dynamic network embedding, AAAI, New Orleans, 2018

[237] Zhiyuli A, Liang X, Xu Z. Learning distributed representations for largescale dynamic social networks, INFOCOM, Atlanta, 2017

[238] Zhiyuli A, Liang X, Zhou X, LsNet2: Vec-learning nodes vectors in largescale networks for link prediction, AAAI, 4286-4288, Phoenix, 2016

[239] Zhou G, Xu K Q, Liao S Y. Do starting and ending effects in fixed-price group-buying differ, Electronic Commerce Research and Applications, 2013

[240] Zhou X, Liang X, Zhang H, Ma Y. Cross-platform identification of anonymous identical users in multiple social media networks, IEEE Transactions on Knowledge and Data Engineering, 28 (2): 411-424, 2016

[241] Zhou Z, Qi G, Lui C. Scale reasoning with fuzzy-EL+ ontologies

based on MapReduce，Wl4ai，2013

［242］Zhou Z，Qi G，Wu Z. A platform-independent approach for parallel reasoning with OWL EL ontologies using graph representation，IEEE International Conference on Tools with Artificial Intelligence，80－87，2015

［243］Zhu F，Zhang X. Impact of online consumer reviews on sales—the moderating role of product and consumer characteristics，Journal of Marketing，74（2）：133－148，2010

［244］Zhu J，Nie Z，Liu X. StatSnowball—a statistical approach to extracting entity relationships，International Conference on World Wide Web，101－110，2009

［245］蔡登，卢增祥，李衍达．信息协同过滤．计算机科学，2002，29（6）：1－4

［246］曹玖新，董丹，徐顺．一种基于 k-核的社会网络影响最大化算法．计算机学报，2015，38（2）：238－248

［247］曹玖新，闵绘宇，徐顺．基于启发式和贪心策略的社会网络影响最大化算法．东南大学学报，2016，46（5）：950－956

［248］曹润．基于用户联系强度及关注网络的中文微博社区发现研究．北京：中国人民大学，2013

［249］曹润，梁循，李亚平，李倩，朱浩然．一种多模式微博信息动态排序方法．CN 201210199559，2012

［250］曹帅，兰月新，苏国强．基于移动平均法的微博舆情预测模型研究．湖北警官学院学报，2014，27（3）：40－42

［251］曾春，邢春晓，周立柱．个性化服务技术综述．软件学报，2002，13（10）：1952－1996

［252］曾润喜．网络舆情突发事件预警指标体系构建．情报理论与实践，2010，1：77－80

［253］曾润喜，徐晓林．网络舆情对群体性突发事件的影响与作用．情报杂志，2010，29（12）：1－4

［254］曾润喜，徐晓林．网络舆情突发事件预警系统，指标与机制．情报杂

志，2009（11）：52－54

［255］曾振东．基于灰色支持向量机的网络舆情预测模型．计算机应用与软件，2014（2）：300－302

［256］陈大值．知识图谱在银行业的应用场景及可行性研究．中国金融电脑，2019（2）：31－35

［257］陈红松，王钢，张鹏．基于 Hadoop 云平台的新浪微博社会网络关键节点挖掘算法．东南大学学报，2018，48（4）：590－595

［258］陈华，梁循，阮进．互联网舆情关联分析系统的设计实现．信息检索与内容安全学术会议论文集，45－49，2007

［259］陈立玮，冯岩松，赵东岩．基于弱监督学习的海量网络数据关系抽取．计算机研究与发展，2013，50（9）：1825－1835

［260］陈青．探究实体市场与跨境电商融合发展新路径——以义乌国际商贸城为例．现代营销，2018（12）：15－16

［261］陈斯杰．基于用户视角的科技信息服务网站影响力评估研究．南京：南京理工大学，2009

［262］陈少华，张梦．基于生命周期理论的企业突发舆情演化及特征研究．新闻前哨，2017（10）：76－80

［263］陈太洋，任全娥．中外企业网站的链接分析与网络影响力评价．情报理论与实践，2008，31（4）：614－619

［264］陈文亮，朱靖波，姚天顺，张宇新．基于 Bootstrapping 的领域词汇自动获取．全国第七届计算语言学联合学术会议，2003

［265］陈小娟．西湖景区网络形象与旅游流耦合关系研究．武汉：华中师范大学，2016

［266］陈燕方，李志宇，梁循，齐金山．在线社会网络谣言检测综述．计算机学报，2018

［267］陈叶叶，周通．国内网络舆情治理研究的可视化分析——基于科学知识图谱的方法（CNKI）．情报科学，2016，34（11）：101－106

［268］程辉，刘云．一种使用时间序列的网络舆情预测模型．海峡 IT 创新与信息技术学术交流会议，2008

[269] 程晓涛，刘彩霞，刘树新．基于关系图特征的微博水军发现方法．自动化学报，2015，41（9）：1533－1541

[270] 迟菲，陈安．突发事件耦合机理与应对策略研究．中国安全科学学报，2014，24（2）：171－176

[271] 戴媛，姚飞．基于网络舆情安全的信息挖掘及评估指标体系研究．情报理论与实践，2009，6：873－876

[272] 丁菊玲，勒中坚．基于观点树的网络舆情危机预警方法．计算机应用研究，2011，28（9）：3501－3504

[273] 丁艽．从"温岭幼师虐童"事件析网络舆论场的良性引导．传媒观察，2013（2）：24－26

[274] 丁兆云．面向微博舆情的影响力分析关键技术研究．长沙：国防科技大学，2013

[275] 董文鸳，冯芳．电子商务研究的知识图谱分析．科技情报开发与经济，2011，21（34）：148－149

[276] 杜智涛，谢新洲．利用灰色预测与模式识别方法构建网络舆情预测与预警模型．图书情报工作，2013，57（15）：27－33

[277] 杜晖．基于耦合关系的学术信息资源深度聚合研究．武汉：武汉大学，2013

[278] 范闯．基于网络计量学的科技信息服务网站影响力评估研究．南京：南京理工大学，2009

[279] 范晓倩，于斌，曹倩．企业负面网络舆情对策研究．未来与发展，2019，43（6）：35－43，68

[280] 冯新翎，何胜，熊太纯，武群辉，柳益君．"科学知识图谱"与"Google知识图谱"比较分析——基于知识管理理论视角．情报杂志，2017，36（1）：149－153

[281] 耿霞，张继军，李蔚妍．知识图谱构建技术综述．计算机科学，2014，41（7）：148－152

[282] 辜丽琼，夏志杰，宋祖康，王诣铭．基于在线网民评论情感追踪分析的企业危机舆情应对研究．情报理论与实践，2019（12）：67－73

［283］桂斌，杨小平．微博意群的情感倾向分析．中文信息学报，2015，29（3）：100－105

［284］郭东伟，乌云娜，邹蕴，孟祥燕．基于非理性博弈的舆情传播仿真建模研究．自动化学报，2014，40（8）：1721－1732

［285］郭小钗，陈蓓蕾．在线口碑效应的影响因素实证研究．北京理工大学学报，2009，11（2）：31－35

［286］郭岩，刘春阳，余智华．网络舆情信息源影响力的评估研究．中文信息学报，2011，25（3）：64－72

［287］郭颖涛．21世纪我国情报学研究知识图谱．湘潭：湘潭大学，2014

［288］韩忠明，张梦，谭旭升．基于自激点过程的网络热点话题传播模型．计算机学报，2016，39（4）：704－716

［289］何佳，周长胜，石显锋．网络舆情监控系统的实现方法．郑州大学学报（理学版），2010，42（1）：82－85

［290］何静，郭进利，徐雪娟，微博用户行为统计特性及其动力学分析．情报分析与研究，2013，7：94－100

［291］何蕾．基于知识图谱的电子商务模式研究可视化分析．商场现代化，2018（14）：31－32

［292］贺筱媛，胡晓峰，罗批．基于Agent和CPN的Web信息传播系统建模研究．系统仿真学报，2010，22（3）：715－719

［293］洪宇，张宇，刘挺，李生．话题检测与跟踪的评测及研究综述．中文信息学报，2007（6）：71－87

［294］侯梦薇，卫荣，陆亮，兰欣，蔡宏伟．知识图谱研究综述及其在医疗领域的应用．计算机研究与发展，2018，55（12）：2587－2599

［295］胡百精．公共传播经典译丛．北京：中国传媒大学出版社，2014

［296］胡百精．互联网与现代传播．中国传媒大学学报，2014a（2）：40－46

［297］胡百精．新媒体与社会信任．国际公关，2013，5：44

［298］胡昌平．信息管理科学导论．北京：科学技术文献出版社，1995

［299］胡大立．基于价值网模型的企业竞争战略研究．中国工业经济，2006，222（9）：87－93

[300] 胡泽文，孙建军，武夷山．国内知识图谱应用研究综述．图书情报工作，2013，57（3）：131－137，84

[301] 黄敏，胡学钢．基于支持向量机的网络舆情混沌预测．计算机工程与应用，2013，49（24）：130－134

[302] 黄微，张晓君．基于知识图谱的我国网络舆情研究进展可视化分析．情报科学，2016，34（6）：87－92

[303] 惠志斌．面向网络传播形态的公共危机信息预警模式研究．图书情报工作，2012，56（2）：71－75

[304] 吉祥．基于观点挖掘的网络舆情信息分析．现代情报，2010，30（11）：46－49

[305] 贾中浩，古天龙，宾辰忠，常亮，张伟涛，朱桂明．旅游知识图谱特征学习的景点推荐．智能系统学报，2019（3）：1－8

[306] 姜旭平．网络营销——电子商务发展的主流．电子商务，2000（1）：90－90

[307] 蒋勋，徐绪堪．面向知识服务的知识库逻辑结构模型．图书与情报，2013，157（6）：23－31

[308] 蒋玉婷．数据挖掘技术在网络舆情预测中的应用．科技通报，2013（10）：73－75

[309] 金淳，张一平．基于 Agent 的顾客行为及个性化推荐仿真模型．系统工程理论与实践，2013，33（2）：463－472

[310] 康伟．基于 SNA 的突发事件网络舆情关键节点识别——以 7·23 动车事故为例．公共管理学报，2012，9（3）：101－111

[311] 乐露露．国内分子生物学知识图谱的构建及解读．合肥：安徽大学，2013

[312] 雷丰羽．知识图谱在金融信贷领域的应用．现代商业，2018（10）：89－90

[313] 雷雳．青少年网络成瘾干预的实证基础．心理科学进展，2010，6：791－797

[314] 雷雳．青少年网络成瘾探析．心理发展教育，2010，5：554－560

[315] 李弼程，王瑾，林琛．基于直觉模糊推理的网络舆情预警方法．计算机应用研究，2010，9：3312-3315

[316] 李栋，徐志明，李生．在线社会网络中信息扩散．计算机学报，2014，37（1）：189-206

[317] 李纲，陈璟浩．突发公共事件网络舆情研究综述．图书情报知识，2014，2：111-119

[318] 李季梅，陈宁，陈安，武艳南．突发事件的网络舆情监测与恐慌度量系统．中国科技资源导刊，2009，41（2）：62-67

[319] 李佳楠．政务公开背景下地方政府网络舆情应对研究．呼和浩特：内蒙古大学，2019.

[320] 李建平，徐伟宣，刘京礼，石勇．消费者信用评估中支持向量机方法研究．系统工程，2004，22（10）：35-39

[321] 李健行，余忠亚．突发事件网络舆情预测模型研究．中国公共安全，2014（2）：104-107

[322] 李实，陆光．修正中文评论挖掘中产品特征词序的实验研究．科学技术与工程，2012，12（21）

[323] 李向阳，张亚非．基于语义标注的信息抽取．南京：解放军理工大学，2004，5（4）：39-43

[324] 李亚平，曹润，童露，梁循，倪志豪．腾讯微博的内容生成模式分析．中文信息学报，2015，29（3）：90-100

[325] 李洋，陈毅恒，刘挺．微博信息传播预测研究综述．软件学报，2016，27（2）：247-263

[326] 李勇建，王循庆，乔晓娇．基于广义随机 Petri 网的重大传染病传播演化模型研究．中国管理科学，2014，22（3）：74-81

[327] 李赵洁．基于文本的人物画像挖掘技术的研究与应用．成都：电子科技大学，2016

[328] 李振．网络舆情预测关键技术研究．郑州：郑州大学，2010

[329] 李志宇，梁循，徐志明．DNPS——基于阻尼采样的大规模动态社会网络结构特征表示学习．计算机学报，2017，40（4）：805-823

[330] 李志宇，梁循，周小平，张海燕，马跃峰．一种大规模网络中基于节点结构特征映射的链接预测方法．计算机学报，2016，39（10）：1947-1964

[331] 梁循，马跃峰，杨小平，林航．基于移动终端及 ZigBee 组件的应急信息系统．电子科技大学学报，2013，15（6）：16-19

[332] 梁循，申华，曹润．一种面向微博的全新突发事件发现方法．CN 201210250175，2012

[333] 梁循．数据挖掘算法与应用．北京：北京大学出版社，2006

[334] 梁循，许媛，李志宇，马跃峰，刘宇．社会网络背景下的企业舆情研究述评与展望．管理学报，2017，14（6）：1-11

[335] 梁循，许媛，李志宇，马跃峰，刘宇．社会网络背景下的企业舆情研究述评与展望．管理学报，2017，14（6）：925-935

[336] 梁循，杨小平，申华．社会化商务理论与实践．北京：清华大学出版社，2014

[337] 梁循，杨小平，周小平．面向微博大数据的社会计算及其应用．北京：清华大学出版社，2014

[338] 廖卫民．突发公共事件中网络舆论传播特征．新闻前哨，2010（11）：19-22

[339] 林光．集团公司生命周期系统的管理．北京：清华大学出版社，2005

[340] 林玲，陈福集．基于 CiteSpace 的国内网络舆情研究知识图谱分析．情报科学，2017，35（2）：119-125

[341] 林敏．网络舆情：影响因素及其作用机制研究．杭州：浙江大学，2013

[342] 刘常昱，胡晓峰，司光亚．基于小世界网络的舆论传播模型研究．系统仿真学报，2006，18（12）：3608-3610

[343] 刘关俊，吴哲辉．改进的哲学家进餐问题无饥饿解的 Petri 网模型．系统仿真学报，2007，19：26-28

[344] 刘建国，周涛，汪秉宏．个性化推荐系统的研究进展．自然科学进展，2009，19（1）：1-15

[345] 刘京礼，李建平，徐伟宣，石勇．信用评估中的鲁棒赋权自适应 Lp

最小二乘支持向量机方法．中国管理科学，2010，18（5）：28－33

［346］刘柳．知识图谱的行业应用与未来发展．互联网经济，2018（4）：16－21

［347］刘峤，李杨，段宏．知识图谱构建技术综述．计算机研究与发展，2016，53（3）：582－600

［348］刘群，李素建．基于《知网》的词汇语义相似度计算．中文计算语言学期刊，2002，17（2）：59－76

［349］刘思彤．知识图谱视角下我国民族地区舆情研究演化与热点分析．广西民族研究，2019（3）：33－41

［350］刘晓亮．电子商务信誉评价乱象与解决途径．电子商务，2013（2）：84－85

［351］刘雁书，方平．网络信息影响力评价方法．高校图书馆工作，2002，22（2）：16－19

［352］刘毅．略论网络舆情的概念，特点，表达与传播．理论界，2007，1：11－12

［353］刘毅．网络舆情研究概论．天津：天津人民出版社，2007

［354］刘知远，孙茂松，林衍凯，谢若冰．知识表示学习研究进展．计算机研究与发展，2016，53（2）：247－261

［355］娄策群，周承聪．信息生态链：概念，本质和类型．图书情报工作，2007，51（9）：29－32

［356］娄国哲，王兰成．基于知识图谱的网络舆情知识组织方法研究．情报理论与实践，2019，42（1）：58－64

［357］路荣，项亮，刘明荣．基于隐主题分析和文本聚类的微博客新闻话题发现研究．第六届全国信息检索学术会议，2010，291－298

［358］吕嘉．重新理解社会存在决定社会意识．哲学动态，2001，（6）：6－9

［359］马哲坤，涂艳．基于知识图谱的网络舆情突发话题内容监测研究．情报科学，2019，37（2）：33－39

［360］毛基业．管理信息系统．北京：清华大学出版社，2011

［361］平健舟．基于商业知识图谱的新闻舆情系统设计与实现．北京：北京邮电大学，2019

[362] 齐佳音，刘慧丽，张一文．突发性公共危机事件网络舆情耦合机制研究．情报科学，2017，35（9）：102－108

[363] 齐金山，梁循，李志宇，陈燕方，许媛．大规模复杂信息网络表示学习——概念、方法与挑战．计算机学报，2017

[364] 邱均平，程妮．中国重点大学的网络影响力评价研究．科学研究，2009，27（2）：190－195

[365] 邱瑞，朱振华．知识图谱在公共安全方面的应用．电脑知识与技术，2018，14（35）：196－199

[366] 邱云飞，王琳颖，邵良杉，郭红梅．基于微博短文本的用户兴趣建模方法．计算机工程，2014，40（2）：275－279

[367] 沈阳，吴荆棘．基于复杂因子的网络舆情推演研究．情报学报，2013，32（12）：1315－1325

[368] 施国良，程楠楠．Web 环境下产品评论挖掘在企业竞争情报中的应用．情报杂志，2011，30（11）

[369] 施晓菁，梁循，曹润，周晨曦．基于兴趣分析的微博博主社区分类方法．CN 201210250181，2012

[370] 施晓菁，梁循，孙晓蕾．基于在线评级和评论的评价者效用机制研究．中国管理科学，2016，24（5）：149－157

[371] 史波．公共危机事件网络舆情内在演变机理研究．情报杂志，2010，29（4）：41－45

[372] 史学敏，张闯．基于微博用户行为的时区预测．中国科技论文在线，2011

[373] 苏佳林，王元卓，靳小龙，李曼玲，程学旗．融合语义和结构信息的知识图谱实体对齐．山西大学学报（自然科学版），2019，42（1）：23－30

[374] 苏楠，张璇，杨红岗，李睿．基于知识图谱的国内网络舆情研究可视化分析．情报杂志，2012，31（10）：42－47，58

[375] 孙宁，陈雅．基于信息计量学的我国网络舆情研究综述．情报杂志，2014，33（5）：136－142

[376] 孙帅．突发事件网络舆情管理机制研究．苏州：苏州大学，2014

[377] 孙镇，王惠临．命名实体识别研究进展综述．数据分析与知识发现，2010，26 (6)：42 - 47

[378] 汤景泰．我国网络舆论研究的知识图谱与研究主题——基于 CNKI (1998—2014) 的数据分析．现代传播（中国传媒大学学报），2015，37 (9)：65 - 71

[379] 万飞，梁循，赵溪，曹润，梁霞，付虹蛟，周晨曦．一种基于文本内容的垃圾微博过滤方法．CN 201210199582，2012

[380] 王超，李楠，李欣丽，梁循．文本情感倾向性分析用于金融市场波动率的研究．中文信息学报，2009，23 (1)：95 - 99

[381] 王国华，张剑，毕帅辉．突发事件网络舆情演变中意见领袖研究——以药家鑫事件为例．情报杂志，2012，30 (12)：1 - 5

[382] 王国华，石国良．近十年国外舆情研究知识图谱分析．情报科学，2019，37 (8)：152 - 157，162

[383] 王来华．舆情研究概论．天津：天津社会科学院出版社，2003

[384] 王兰成，娄国哲．大数据环境下涉军网络舆情的知识图谱服务研究．中华医学图书情报杂志，2018，27 (4)：1 - 6

[385] 王沙沙．基于类模型的 Web 舆情趋势预测．成都：电子科技大学，2011

[386] 王实，高文，李锦涛．基于隐马尔可夫模型的兴趣迁移模式发现．计算机学报，2012，24 (2)：152 - 157

[387] 王淑清，许永坤，跨境电子商务与物流融合发展的对策探讨．商业经济研究，2019，(2)：86 - 88

[388] 王伟．基于企业基因重组理论的价值网络构建研究．中国工业经济，2005，203 (2)：58 - 65

[389] 王伟，王洪伟，孟园．协同过滤推荐算法研究：考虑在线评论情感倾向．系统工程理论与实践，2014，34 (12)：3238 - 3249

[390] 王晰巍，邢云菲，张柳，李师萌．社交媒体环境下的网络舆情国内外发展动态及趋势研究．情报资料工作，2017 (4)：6 - 14

[391] 王秀利，朱建明．社会舆论方向影响下的微博商业言论传播模型．中

国管理科学，2012，20（S2）：691－695

［392］王怡，梁循，徐志明，付虹蛟．社会网络中突发型事件的信息传播时变模型．中国管理科学，2017，25（12）：147－157

［393］王宇，谭松波，廖祥文．基于扩展领域模型的有名属性抽取．计算机研究与发展，2010，47（9）：1567－1573

［394］王玉梅，袁晓莉，毕丽华．企业科技成果转化的K&T双链耦合机理研究．情报杂志，2009，28（1）：119－122

［395］王渊，彭晨辉，王志强，范强，姚一杨，华召云．知识图谱在电网全业务统一数据中心的应用．计算机工程与应用，2019，1－7

［396］魏德志，陈福集，郑小雪．基于混沌理论和改进径向基函数神经网络的网络舆情预测方法．物理学报，2015，64（11）：44－51

［397］吴哲辉．Petri网导论．北京：机械工业出版社，2006

［398］项斌．网络舆情监测系统设计与实现．成都：电子科技大学．2010

［399］肖渡，沈群红．合作网络形成的理论探讨及其意义．管理工程学报，2000，14（4）：69－73

［400］肖维泽．基于知识图谱的多媒体网络舆情语义识别案例库构建．长春：吉林大学，2019

［401］肖勇．现代信息科学结构与内涵分析．图书情报工作，2001，12：9－14

［402］肖玉芝，赵海兴．基于超图理论的在线社会网络用户行为分析．计算机应用与软件，2014，31（7）：50－54

［403］谢科范，赵湜，陈刚，蔡文静．网络舆情突发事件的生命周期原理及集群决策研究．武汉理工大学学报（社会科学版），2010，23（4）：482－486

［404］谢丽星，周明，孙茂松．基于层次结构的多策略中文微博情感分析和特征抽取．中文信息学报，2012，26（1）：73－83

［405］徐敏捷．基于指数平滑法的微博舆情预测模型研究．中国公共安全（学术版），2016，（1）：80－84

［406］谢文阁，佟玉军，贾丹，梅红岩．数据清洗中重复记录清洗算法的研究．软件工程师，2015，18（9）：61－62

［407］徐增林，盛泳潘，贺丽荣，王雅芳．知识图谱技术综述．电子科技大学学报，2016，45（4）：589－606

［408］徐志明，李栋，刘挺．微博用户的相似性度量及其应用．计算机学报，2014，37（1）：207－218

［409］许媛，梁循，程恒超，张树森．时序紧密耦合的社会网络企业双舆情相关分析．情报学报，2018，37（5）：503－511

［410］许媛，梁循．政府指导下时序耦合的企业相关双舆情分析．中国管理科学，2016

［411］杨博，蔡东风，杨华．开放式信息抽取研究进展．中文信息学报，2014，28（4）：1－11

［412］杨瑞龙，冯健．企业间网络及其效率的经济学分析．江苏社会科学，2004，3：53－58

［413］杨武，宋静静，唐继强．中文微博情感分析中主客观句分类方法．重庆理工大学学报，2013，27（1）：51－56

［414］杨源，马云龙，林鸿飞．评论挖掘中产品属性归类问题研究．中文信息学报，2012，26（3）：104－108，115

［415］姚灿中，杨建梅．WEB2.0 大众生产社区的舆情传播路径特征分析．计算机工程与应用，2012，48（30）：83－88

［416］游丹丹，陈福集．我国网络舆情预测研究综述．情报科学，2016，34（12）：156－160

［417］于凯，荣莉莉，郭文强，刘泉，颜克胜．基于线上线下网络的舆情传播模型研究．管理评论，2015，27（8）：200－212

［418］虞金中，杨先凤，陈雁，李娟．基于混合模型的新闻事件要素提取方法．计算机系统应用，2018，27（12）：169－174

［419］袁凯琦，邓扬，陈道源．医学知识图谱构建技术与研究进展．计算机应用研究，2018，8（7）：1929－1936

［420］岳昆，阚伊戎，王钰杰，钱文华．面向电子商务应用的知识图谱关联查询处理．计算机集成制造系统，2020，26（5）：1326－1335

［421］詹志建，杨小平．基于改进遗传算法的中文短文本相似度计算．中文

信息学报，2016，30（4）：71－80，89

［422］詹志建．中文短文本相似度计算关键技术研究．北京：中国人民大学，2014

［423］张宝生，祁晓婷．基于科学知识图谱的我国网络舆情研究可视化分析．情报探索，2017（5）：111－120.

［424］张超．文本倾向性分析在舆情监控系统中的应用研究．北京：北京邮电大学，2008

［425］张海峰，刘云，张振江．拓扑结构对互联网舆论传播的影响．北京交通大学学报，2010，34（5）：123－126

［426］张海燕，梁循，周小平．针对有向图的局部延展的重叠社区发现算法．数据采集与处理，2015，30（3）：683－693

［427］张海燕，孟祥武．基于社会标签的推荐系统研究．情报理论与实践，2012，5：103－107

［428］张虹，钟华，赵兵．基于数据挖掘的网络论坛话题热度趋势预报．计算机工程与应用，2007，43（31）：159－161

［429］张珏．网络舆情预测模型与平台的研究．北京：北京交通大学，2009

［430］张俊英，胡侠，卜佳俊．网页文本信息自动提取技术综述．计算机应用研究，2009，26（8）：2827－2831

［431］张克生．国家决策：机制与舆情．天津：天津社会科学院出版社，2004

［432］张亮．Web 数据挖掘在群体性事件预警系统中的应用．光盘技术，2009，6：26－28

［433］张青岭，李显正，李航宇，李华健．知识图谱在农业中的应用．电子技术与软件工程，2019（7）：245－247

［434］张绍武，尹杰，林鸿飞，魏现辉．基于用户分析的微博用户影响力度量模型．中文信息学报，2015，29（4）：59－66

［435］张树森，梁循，弭宝瞳，赵吉超，周小平．基于内容的社会网络用户身份识别方法．计算机学报，2018，1－15

［436］张树森，梁循，齐金山．社会网络角色识别方法综述．计算机学报，

2017，40（3）：649－673

［437］张树森，魏玉党，梁循，窦勇，许媛，梁天新．移动社会网络幂律分布特征及亲属关系判别．中文信息学报，2018，32（6）：114－123

［438］张思龙，王兰成，娄国哲，高宾．大数据时代网络舆情研究的前沿演进和发展趋势．中华医学图书情报杂志，2019，28（1）：50－55

［439］张微，周兵平，臧玲，莫书亮．网络成瘾倾向者在视觉工作记忆引导下的注意捕获．心理学报，2015，47（10）：1223－1234

［440］张秀伟，何克清，王健，刘建晓．Web服务个性化推荐研究综述．计算机工程与科学，2013，35（9）：132－140

［441］张一文，齐佳音，方滨兴，李欲晓．基于贝叶斯网络建模的非常规危机事件网络舆情预警研究．图书情报工作，2012，56（2）：76－81

［442］张振国，宋薇，李婧．基于序列模式挖掘的社会网络用户行为分析．现代情报，2013，33（3）：56－60

图书在版编目（CIP）数据

知识图谱／梁循，尤晓东编著．--北京：中国人民大学出版社，2021.4

（大数据与人工智能系列）

ISBN 978-7-300-29211-3

Ⅰ.①知… Ⅱ.①梁… ②尤… Ⅲ.①知识经济—图谱 Ⅳ.①F062.3-64

中国版本图书馆 CIP 数据核字（2021）第 055167 号

大数据与人工智能系列

知识图谱

梁　循　尤晓东　编著

Zhishi Tupu

出版发行	中国人民大学出版社		
社　址	北京中关村大街 31 号	**邮政编码**	100080
电　话	010－62511242（总编室）		010－62511770（质管部）
	010－82501766（邮购部）		010－62514148（门市部）
	010－62515195（发行公司）		010－62515275（盗版举报）
网　址	http://www.crup.com.cn		
经　销	新华书店		
印　刷	北京宏伟双华印刷有限公司		
开　本	787 mm×1092 mm　1/16	**版　次**	2021 年 4 月第 1 版
印　张	14	**印　次**	2024 年 6 月第 2 次印刷
字　数	192 000	**定　价**	58.00 元
